레시피팩토리는 행복 레시피를
만드는 감성 공작소입니다.
레시피팩토리는 모호함으로 가득한
세상 속에서 당신의 작은 행복을 위한
간결한 레시피가 되겠습니다.

헬시에이징 식사법
노화 잡는 건강한 편식

Prologue

> **건강하게 나이 드는 방법은 따로 있습니다**

오래 살고 싶다면 나이를 꼭 먹어야 합니다. 그러나 나이를 먹는 것이 늘 반갑지는 않아서 때로는 '나이는 숫자에 불과하다'라고 애써 항변해 보기도 하지요. 나이가 가져다주는 연륜보다 '젊어 보인다', '어려 보인다'는 말을 들으면 기분이 좋아지는 것도 '노화(aging)'가 주는 부정적인 모습이 우리 안에 크게 자리 잡고 있기 때문일 것입니다.

사실 노화는 태어나는 순간부터 시작되는 자연스러운 과정입니다. 나이가 들었다는 것은 일찍 죽지 않고 살아있다는 것이니 좋은 일, 곧 축복이기도 합니다. 그러나 나이가 들면 마치 오래된 기계가 녹스는 것처럼 신체의 기능도 점차 퇴화될 수밖에 없지요. 그래도 노화로 인한 신체적, 정신적 불편함을 최대한 늦추고 싶은 건 당연한 바람입니다.

'인명은 재천'이라고 하지요. 이 말은 노화나 장수가 유전적 요인과 관련이 있음을 말해줍니다. 그렇지만 인명은 단지 유전적 요인만 아니라, 후천적 요인에 따라 좌우될 수도 있습니다. 그중에서도 평생 우리 몸으로 들어오는 음식, 즉 식생활이 미치는 영향은 유전적인 것 못지않게 매우 중요합니다. 어떤 음식을 얼마나 어떻게 먹느냐에 따라서 호르몬의 분비가 달라지고 질병의 양상, 건강 상태, 삶의 질이 크게 달라지기 때문입니다.

역설적으로 들리겠지만 성장이 끝나고 성인이 되면 적절한 편식이 필요합니다. 요즘, 우리는 너무 많이 먹고 있다는 것이 문제입니다. 좋은 것을 챙겨 먹기 전에 나쁜 것을 멀리해야 합니다. 과도하게 섭취한 영양분이 내 몸에 비축되면서 유해한 활성산소 발생을 증가시키고, 호르몬의 균형을 깨뜨려 노화를 촉진합니다. 당분이 많고 인슐린 분비를 증가시키는 음식이 대표적이지요. 음식을 잘못 먹으면 여러 가지 질병에 걸리고, 신체기관이 더 빨리 늙는다는 것은 이미 과학적으로 밝혀진 사실입니다. 그러니 건강하게 나이 들기 위해서는 몸에 나쁜 음식은 먹지 않고 좋은 음식을 가려 먹어야 한다는 뜻에서 똑똑한 편식이 필요한 것이지요.

> ## 헬시에이징 식재료와 레시피로
> ## 똑똑한 편식을 시작하세요

노화로 인한 이상 증세는 뚜렷이 드러나지 않는 경우가 많아 조기에 알아차리기
쉽지 않습니다. 노화가 단시간에 발생하는 것이 아닌 만큼 좋은 음식을 몇 차례 먹는다고
해서 단번에 노화를 막을 수는 없습니다. 그러니 평소에 무심코 반복하는 잘못된
행동이 큰 화를 불러오지 않도록 미리 좋은 식습관과 생활 습관을 만들어야 합니다.
유해한 환경을 피하고, 좋은 음식을 적당히 먹고, 규칙적인 운동과 긍정적인 마음으로
스트레스를 관리하며 생활하는 것, 우리가 잘 알고 있는 생활 원칙이 바로
헬시에이징을 향한 기본 원칙입니다.

노화를 막고 건강하게 장수하는 법을 알려면 노화의 원인을 아는 것이 필요합니다.
그래야 실제 생활에 노화를 촉진하는 요인을 피할 수 있기 때문입니다.
이 책의 이론편에서는 노화 현상을 이해하는 데 필요한 기초 지식, 그리고 헬시에이징을
실천할 수 있는 식사 전략과 생활 전략을 제시합니다. 또한 식재료편에서는 유행처럼
선정되는 몇몇의 슈퍼푸드가 아닌, 모든 식품군을 아우르는 식재료 72가지를 선별하여
특징과 효능을 소개합니다. 레시피편은 앞서 소개한 식재료를 활용해 개발한 103개의
일상 요리를 수록했습니다. 건강을 위해 나트륨과 당 사용을 줄이는 대신
항산화 효능이 뛰어난 향신 채소를 활용해 풍미를 높인 레시피, 영양 소실을
최소화하면서도 누구나 손쉽게 만들 수 있는 조리법으로 탄생한 103가지 요리는
독자 여러분들의 헬시에이징 도우미가 될 것입니다.

끝으로 오랜 시간 힘들고 어려운 작업을 함께 해준 안윤 박사와 탁월한 메뉴 개발 능력을
발휘해준 공동저자 더 라이트 메뉴개발팀, 동분서주하며 쉴 새 없이 힘을 더했던
이상미 에디터, 레시피팩토리에 깊은 감사를 드립니다. 그리고 언제나 부족한 지식작업자의
훌륭한 멘토가 되어 주시는 풀무원 남승우 의장님의 헬시에이징을 기원하며 존경하는
마음을 담아 이 책을 올립니다.

공동저자 풀무원 식생활연구실장, 영양학 박사 **남기선**

Contents

Part 1
이론편

- 002　프롤로그
- 008　이 책을 보기 전에 꼭 읽어보세요
- 226　인덱스
- 228　그대로 따라 하는
       2주간의 헬시에이징 식단

- 012　헬시에이징을 위해
       꼭 알아야 할 기초 지식 6가지
- 020　영양학 전문가가 제안하는
       헬시에이징 식사 전략 5가지
- 030　100세 건강을 책임지는
       헬시에이징 생활 전략 3가지

Part 2
식재료편

곡물·콩
- 042　귀리(오트밀)
- 042　껍질콩
- 043　낫토
- 044　두부
- 044　메밀(면)
- 045　병아리콩
- 045　카무트
- 046　퀴노아
- 046　현미

채소·버섯
- 047　가지
- 048　느타리버섯
- 048　당근
- 049　도라지
- 049　마늘
- 050　무
- 051　무청(시래기)
- 051　부추
- 052　브로콜리
- 052　비트
- 053　새송이버섯
- 053　생강
- 054　아스파라거스
- 055　알파파싹

해산물

- 064 고등어
- 064 꼬시래기
- 065 굴
- 066 김
- 066 다시마
- 067 멸치
- 067 모시조개
- 068 미역
- 068 바지락
- 069 연어
- 069 오징어
- 070 전복
- 071 황태

달걀·육류

- 071 달걀
- 072 닭가슴살
- 072 돼지고기 안심
- 073 쇠간
- 073 오리고기

허브·약초

- 074 당귀잎
- 074 딜
- 075 로즈메리
- 076 명일엽
- 076 수삼
- 077 이탈리안 파슬리

견과류

- 078 브라질넛츠
- 079 카카오닙스
- 079 피스타치오
- 080 해바라기씨
- 080 호두

기타

- 081 강황(가루)
- 082 그릭 요구르트
- 082 들깨(가루, 기름)
- 083 머스터드
- 083 발사믹식초

- 055 양송이버섯
- 055 양파
- 056 우엉
- 056 자색고구마
- 057 적양배추
- 057 케일
- 058 토마토
- 059 파프리카
- 059 표고버섯

과일

- 060 대추
- 060 블루베리
- 061 사과
- 062 아보카도
- 063 자몽
- 063 키위

Part 3

레시피편

086 요리 기본 가이드
088 식재료 손질법
090 식재료 보관법

밥·죽

092 헬시에이징 기본 밥 3가지
  - 카무트 귀리밥
  - 퀴노아 자색고구마밥
  - 퀴노아 병아리콩밥
094 마늘 파슬리영양밥
095 오징어 미역영양밥
096 닭가슴살 토마토영양밥
098 시래기 돼지고기영양밥
100 퀴노아 두부찜밥
101 오트밀 브로콜리죽
102 퀴노아 황태 사골죽
104 병아리콩 귀리 타락죽

반찬

106 헬시에이징 양념으로 만든 기본 나물 3가지
  - 헬시에이징 양념
  - 표고버섯나물
  - 가지나물
  - 시래기나물
110 토마토 껍질콩무침
111 오징어 브로콜리무침
112 당근 호두마요무침
113 연두부 낫토볼
114 매콤 닭가슴살 브로콜리볶음
116 향신 수육과 케일 파프리카겉절이
118 구운 채소 저염장아찌
119 꼬시래기 양파볶음
120 케일 토마토겉절이
121 훈제오리 토마토냉채
122 시래기 버섯찜
124 우엉 김볶음
125 표고버섯 견과류강정
126 감자 브로콜리조림
128 아스파라거스 달걀볶음
130 파프리카 제육볶음
131 중화풍 황태 껍질콩볶음
132 쇠간 부추볶음
134 마파 가지볶음
135 오징어지짐이
136 굴 두부두루치기
138 브로콜리 두부전
140 당귀잎 퀴노아전
142 병아리콩자반
143 호두 마늘 잔멸치볶음
144 강황 듬뿍카레
146 토마토양념장과 생식 두부
147 다시마 적양배추쌈과 들깨 초고추장
148 고등어 강황구이와 양념장

국물

- 150 황태 버섯 달걀국
- 152 파프리카 미역냉국
- 154 맑은 굴 된장국
- 155 브로콜리 미역국
- 156 시래기 버섯 청국장
- 158 부추 황태탕
- 159 토마토 달걀탕
- 160 고등어 들깨탕
- 162 으깬 두부 김치찌개
- 164 병아리콩 된장찌개

샐러드

- 166 헬시에이징 기본 샐러드 2가지
  - 병아리콩 콥샐러드
  - 카무트 시저샐러드
- 168 활력 비타민샐러드
- 169 아보카도 달걀사라다
- 170 비트 사과샐러드
- 171 컬러푸드 샐러드
- 172 도라지 명일엽 떡샐러드
- 174 뿌리채소 견과샐러드
- 175 케일 적양배추샐러드
- 176 통오징어 귀리샐러드
- 178 마 토마토카프레제
- 179 갈릭마요 닭가슴살샐러드

면

- 180 토마토 고추장 황태 비빔국수
- 182 알파파싹 돼지고기비빔면
- 183 사천풍 채식짜장면
- 184 해물 짬뽕쌀국수
- 186 병아리콩국수
- 187 연두부 조개국수
- 188 들깨 미역수제비
- 190 훈제오리파스타
- 191 카레 메밀국수
- 192 토마토 낫토 냉소바
- 193 가지 두유파스타
- 194 아보카도 크림파스타

보양식

- 196 봄나물 오리냉채와 밀쌈
- 198 미나리 조개찜
- 199 두부 소보로피자
- 200 당귀잎무침과 장어구이
- 202 연어스테이크 샐러드
- 203 수삼 누룽지삼계탕과 부추무침
- 204 얼큰 해물 사골탕면
- 206 닭가슴살 무찜
- 207 도라지 곤약잡채
- 208 뿌리채소 샐러드
- 210 대구곰탕
- 211 들깨 오리전골볶음

간식 · 음료

- 212 헬시에이징 스무디 2가지
  - 디톡스 스무디
  - 에너지 스무디
- 214 토마토화채
- 215 카카오닙스차
- 216 베리 요거트볼
- 217 견과류 김스낵
- 218 대추칩
- 219 슈퍼곡물 또띠야칩
- 220 머스터드넛츠
- 221 강황넛츠
- 222 홈메이드 칼몬드
- 223 자색고구마빵
- 224 오메가바
- 225 고구마후무스와 채소스틱

이 책을 보기 전에 꼭 읽어보세요

이 책은 우리 몸으로 들어오는 음식, 즉 식습관 개선을 통한 헬시에이징 실천 방법을 소개합니다.
책에서 제안하는 헬시에이징 식사 전략을 따라 하기 전에 책의 구성을 확인하세요.

① 헬시에이징 식재료
곡물, 채소, 과일, 해산물, 육류 등 다양한 식품군에서 노화 개선 효능이 뛰어난 식품을 선별했습니다. 식재료 이미지를 첨부해 낯선 식재료도 이해하기 쉽습니다.

② 영양학적 효능과 섭취 방법
각 식재료마다 함유하고 있는 영양소와 효능을 소개했습니다. 또한 맛과 영양을 극대화하는 섭취 방법을 제안합니다.

3 영양 정보
음식마다 칼로리, eGL, 나트륨 함량을 한눈에 보기 쉽게 표시했습니다. 모든 메뉴는 500kcal, 40eGL 이하로 개발해 하루 섭취 칼로리를 조절하고, 혈당을 안정적으로 유지할 수 있습니다.

4 헬시에이징 식재료 아이콘
헬시에이징 식재료 72가지 중 해당 요리에 사용한 식재료입니다. 식재료의 영양학적 효능은 식재료편에서 확인할 수 있습니다.

5 재료 및 조리 방법 대체하기
레시피의 활용도를 높이는 대체 재료 사용법과 조리 방법을 소개했습니다. 냉장고 속에 있는 일상 재료로 간편하게 대체할 수 있으며, 집에 있는 도구로 조리가 가능합니다.

6 재료 사용 포인트
양념 사용을 줄인 대신 양파, 마늘, 허브 등 향신 채소를 사용해 요리의 풍미는 더하고 나트륨 함량은 줄였습니다. 또한 통곡물을 다채롭게 활용해 식감의 재미와 포만감을 높였습니다.

7 레시피 조리 포인트
볶음, 찜, 부침 등 기본적인 조리법을 사용해 요리 초보자도 쉽게 따라 할 수 있습니다. 또한 헬시에이징 식재료의 영양소 손실을 최소화하는 재료 맞춤 조리법을 적용했습니다.

★ 이 책에 소개된 모든 식단의 영양 성분은 한국영양학회가 개발한 영양 분석 프로그램 **CAN**(Computer Aided Nutritional Analysis Program)을 이용했고, eGL 수치는 이 영양 분석 자료를 토대로 임상연구를 통해 개발한 추정식을 활용하여 계산했습니다.

part 1

이론편

- 헬시에이징을 위해 꼭 알아야 할 기초 지식 6가지
- 영양학 전문가가 제안하는 헬시에이징 식사 전략 5가지
- 100세 건강을 책임지는 헬시에이징 생활 전략 3가지

나도 건강한 편식이 필요할까?

아래 항목은 나이가 들면 누구나 겪게 되는 노화 증상으로,
건강한 편식을 통해 증상을 늦출 수 있습니다.
노화 증상엔 어떤 것이 있는지 먼저 알아본 후 이론편을 읽어보세요.

일상생활
- ☐ 상처 회복이 이전보다 느리다.
- ☐ 수면을 취하기 어렵다.
- ☐ 우울감을 자주 느낀다.
- ☐ 작년보다 면역력이 떨어진 것 같다.
- ☐ 소화가 안되고 변비가 생겼다.

뇌
- ☐ 대화하는 도중 무슨 이야기를 하고 있는지 잊어버린다.
- ☐ 하고 싶은 말이나 단어 등 표현이 금방 떠오르지 않는다.
- ☐ 어떤 일을 하고도 했는지 안 했는지 모른다.
- ☐ 물건을 어디에 두었는지 몰라서 찾는 일이 잦다.
- ☐ 오래전부터 해 오던 일은 잘 하지만 새로운 것을 배우기는 어렵다.

눈
- ☐ 가까운 거리(약 30cm 정도)의 책 읽기가 어렵다.
- ☐ 작은 글자가 뿌옇게 보이고 초점이 맞지 않는다.
- ☐ 가까운 곳을 보다가 먼 곳을 보면 초점을 맞추기 어렵다.
- ☐ 먼 곳을 보다가 갑자기 가까운 곳을 보면 어지럽다.
- ☐ 글을 읽을 때 처음에는 잘 보이다가도 시간이 지날수록 흐려지고 두통이 온다.

근육·관절
- ☐ 무릎에서 소리가 나고 굽혔다 펼 때 통증이 있다.
- ☐ 무릎뼈 안쪽을 만지면 통증이 있다.
- ☐ 손과 발이 자주 붓는다.
- ☐ 동일한 활동을 해도 피로감을 쉽게 느낀다.
- ☐ 유연성이 떨어진다.

이론편

헬시에이징을 위해
꼭 알아야 할 기초 지식

가지

2030년, 한국인의 기대 수명은 90살이 넘을 것으로 예측됩니다.
일반적으로 치명적인 질환에 걸리지 않는다면 90살까지 무난하게
살 수 있다는 말이지요. 수명이 연장된 만큼 사회·경제 활동 기간이 늘어났고,
이왕 오래 산다면 건강하고 멋지게 살고 싶다는 욕구도 높아졌습니다.
그래서인지 노화를 막기 위해 어느 때보다 노력과 관심을 기울이고 있지요.
하지만 노화는 막을 수 없습니다. 대신 노화 증상을 최대한 늦추고
건강을 유지하며 나이 드는 헬시에이징(healthy aging)은 가능하지요.
헬시에이징을 위해서는 노화를 앞당기는 요인을 알고
가능한 피하는 노력이 필요합니다. 즉, 노화가 왜 일어나는지 먼저 알아야겠지요.

1 활성산소가 건강한 세포를 공격한다

활성산소를 억제해 세포 손상을 막으면 노화를 지연시킬 수 있습니다.

※
활성산소는 인체에 나쁘기만 할까?

활성산소는 세균이나 바이러스가 몸으로 침입했을 때 도움이 되기도 한다. 면역세포 중 하나인 대식세포(macrophage)가 활성산소를 만들어 외부 침입자를 무찌르고 몸을 보호하기 때문이다. 활성산소는 과도하게 생성되어 건강한 세포를 무분별하게 공격할 때 노화를 촉진하는 요인이 된다.

노화가 발생하는 가장 큰 원인은 바로 세포의 손상입니다. 흔히 프리라디칼(free radical)이라 부르는 활성산소*는 우리 몸속에 있는 매우 공격적인 성향의 화학 물질로 건강한 세포를 손상시킵니다. 세포가 공격을 받아 제대로 기능을 수행하지 못하게 되면 노화가 발생하는 것이지요. 활성산소는 호흡을 통해 인체로 들어온 산소가 세포와 만나 에너지로 전환되는 과정에서 생성됩니다. 우리가 먹은 음식이 소화·흡수되는 과정에서도 만들어지고 흡연, 바이러스, 중금속 오염, 스트레스 등 외부적인 요인으로도 발생합니다. 그렇다면 우리 몸에서 활성산소의 공격을 받기 쉬운 곳은 어디일까요? 활성산소는 불포화지방산이 많은 세포를 가장 쉽게 공격하기 때문에 뇌세포가 주요 타깃이 됩니다. 또한 뇌는 신진대사가 매우 활발하게 이루어지는 기관으로 산소 소모량이 많아 활성산소가 생성되기 쉽습니다. 나이가 들수록 기억력이 쇠퇴하고 치매 발생 위험이 높아지는 것도 바로 이러한 이유 때문입니다. 이 외에 유전 정보를 가지고 있는 DNA 또한 활성산소의 공격을 받기 쉬운 대상입니다. 활성산소로 인해 DNA가 손상되고 제대로 복구되지 못한 채 기능을 상실하면 노화는 물론, 암과 같은 치명적인 질병을 얻게 됩니다. 사실상 활성산소를 완벽하게 차단하는 것은 불가능하지만 항산화 효능이 있는 식품을 섭취해 활성산소를 제거하고, 올바른 생활습관을 통해 활성산소가 과잉 생산되는 것을 막을 수는 있습니다.

2. 텔로미어의 길이가 노화와 수명을 결정한다

노화는 유전적인 영향을 받지만 노력에 따라 어느 정도 늦출 수 있습니다.

*

텔로미어
염색체 끝부분에 있는 DNA 집단으로 세포 분열이 진행될수록 조금씩 짧아진다. 세포의 노화를 설명하는 요소로 제기되고 있다.

최근 연구에서는 **텔로미어(telomere)***가 노화를 풀 수 있는 열쇠로 주목받고 있습니다. 텔로미어는 세포핵 염색체의 양 끝부분을 말하는 것으로 유전 정보를 담은 DNA가 손상되지 않게 보호하는 역할을 합니다. 세포는 일정 주기로 분열해 손상되거나 죽은 세포를 교체하며 기능을 수행합니다. 세포가 분열할 때 DNA는 그대로 복제되지만, 텔로미어는 복제되지 않고 길이가 조금씩 짧아집니다. 텔로미어가 완전히 사라지면 세포 분열이 더는 일어나지 않고 수명을 다하게 되는 것이지요. 텔로미어의 길이와 짧아지는 속도는 유전적인 영향을 받지만 후천적인 요인도 작용합니다. 개개인의 노력에 따라 노화의 운명을 바꿀 수 있다는 말이지요. 건강한 음식을 먹되, 적당량 먹고 생활습관을 개선하면 건강하게 오래 사는 기회를 얻을 수 있을 겁니다.

••• **염색체와 텔로미어**

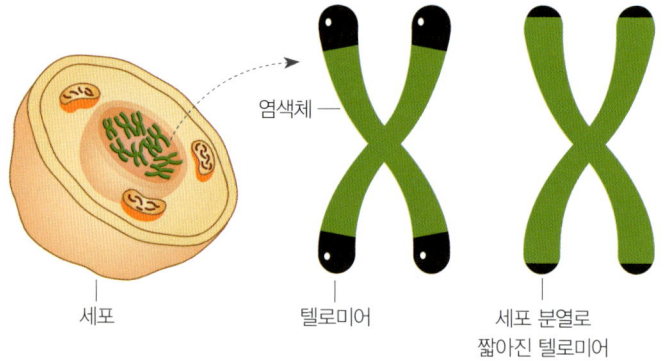

3 나이를 결정하는 건 숫자가 아니라 호르몬이다

호르몬 분비량이 감소하는 건 나이가 들고 있다는 증거입니다.

*
내분비계
호르몬을 생산하고 분비하는 기관. 기능에 이상이 생기면 성장, 혈당 조절, 신진대사, 체온 조절 등 인체 생리 리듬과 활동에 장애가 발생한다.

호르몬은 **내분비계(endocrine system)***에서 생산·분비됩니다. 내분비계 기능이 감퇴하면 호르몬 분비량이 줄어들고, 호르몬 영향을 받는 기관의 기능이 약화되어 노화가 일어나지요. 내분비계 기능 저하는 초기에 인지하기가 어려워 증상이 심화된 후에야 알 수 있습니다. 대표적인 예로, 성장 호르몬 분비량이 감소하면 성장이 멈추고 세포 재생이 느려집니다. 나이가 들면 피부에 난 상처가 잘 아물지 않는 이유도 성장 호르몬이 줄어들었기 때문입니다. 또한, 성호르몬 분비량이 감소해 갱년기 증상을 겪고, 인슐린 분비량이 감소해 당뇨병 발병 위험이 높아지는 것도 내분비계 기능 감퇴로 인한 노화 현상에 포함됩니다. 평소 어떤 음식을 얼마나 어떻게 먹느냐에 따라 호르몬 분비량이 달라질 수 있으니 올바른 식습관을 갖는 것이 무엇보다 중요합니다.

••• **내분비계 위치와 분비되는 호르몬**

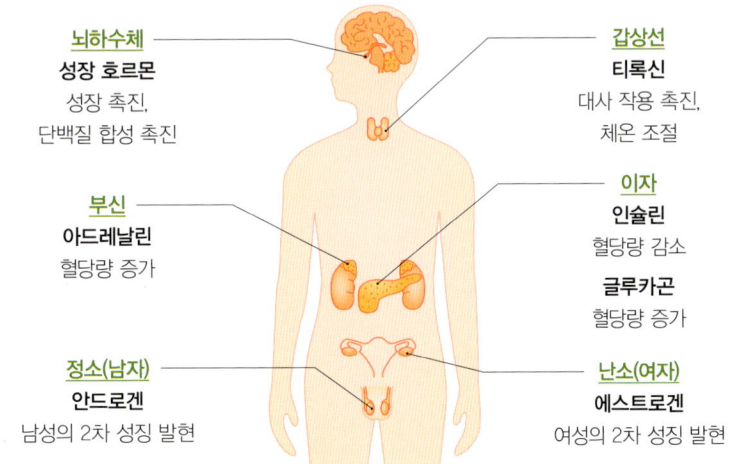

뇌하수체
성장 호르몬
성장 촉진, 단백질 합성 촉진

갑상선
티록신
대사 작용 촉진, 체온 조절

부신
아드레날린
혈당량 증가

이자
인슐린
혈당량 감소

글루카곤
혈당량 증가

정소(남자)
안드로겐
남성의 2차 성징 발현

난소(여자)
에스트로겐
여성의 2차 성징 발현

4 — 나쁜 콜레스테롤과 중성지방이 혈관을 병들게 한다

혈관이 건강해야 뇌졸중, 고혈압, 당뇨병 등의 성인병을 예방할 수 있습니다.

혈액은 혈관을 통해 산소, 영양소, 호르몬 등을 체내 각 조직과 세포로 운반하는 역할을 합니다. 젊은 혈관은 깨끗하고 탄력이 있어 심장에서 분출된 혈액을 순식간에 필요한 곳으로 보냅니다.
반면, 노화된 혈관은 수축과 이완하는 힘이 떨어지고 혈관 내막에 플라크(plaque)*가 쌓여 혈액이 잘 흐르지 못합니다. 그 결과 혈압이 상승하고 심혈관계질환의 발생 위험이 증가합니다. 혈관을 젊게 유지하기 위해서는 나쁜 콜레스테롤이라고 부르는 LDL 콜레스테롤(low density lipoprotein cholesterol)*이 혈관에 쌓이지 않도록 관리해야 합니다. 서구화된 식습관이나 인스턴트 식품을 자주 섭취하는 것은 LDL 수치를 높이는 원인이 되므로 주의해야 합니다.

••• 혈관 노화 단계와 내부 변화

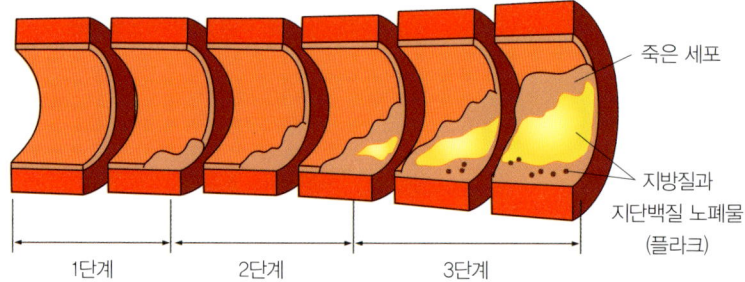

---

* 플라크
주로 산화된 지단백질. 특히 LDL 콜레스테롤이 산화되면서 염증반응 생성물과 함께 축적된 덩어리이다.

LDL 콜레스테롤과 HDL 콜레스테롤
콜레스테롤은 우리 몸에 꼭 필요한 세포막의 구성 성분으로, 혈액에서 지단백질 형태로 존재한다. LDL은 콜레스테롤을 각 조직으로 이동시키는 역할을 하는데, 혈액에 과도하게 많으면 혈관을 막아 심혈관계질환을 유발한다. 반면 HDL(high density lipoprotein)은 콜레스테롤을 체외로 내보내는 역할을 도와 심혈관계질환을 예방한다. 그래서 LDL은 '나쁜 콜레스테롤', HDL은 '좋은 콜레스테롤'이라 부른다.

5 내 몸의 귀한 손님 '유익균'이 노화를 막는다

장내 유익균은 면역력을 강화하고 건강을 유지하는 데 도움을 줍니다.

✱ 프로바이오틱스와 프리바이오틱스

프로바이오틱스는 세계보건기구에서 '건강에 이로운 효과를 주는 살아있는 균'으로 정의한 유익균을 의미하며 젖산균, 비피더스균이 있다. 프리바이오틱스는 장내 유익균의 생장을 돕는 영양원으로 장 환경 개선에 도움을 준다. 대표적으로 이눌린, 프럭토올리고당, 락툴로스, 식이섬유가 있다.

장(腸)은 음식을 소화하고 영양소를 흡수하는 기관이면서 유익균과 유해균이 공존하는 곳입니다. 실제로 우리 몸에는 세포보다 더 많은 수의 세균이 있고, 특히 장에는 약 100조 이상의 세균이 살고 있습니다. 장내 유익균인 프로바이오틱스(probiotics)*는 인체의 면역체계를 유지하는 역할을 담당해 몸속 부패 물질을 제거하고 알레르기 증상, 염증성 질환을 예방합니다.
반면 유해균은 독소를 생성하고 세포를 공격해 각종 질환을 유발합니다. 유익균의 수가 우세하면 건강을 유지할 수 있고, 유해균이 힘을 키우면 건강에 이상이 발생하는 것이지요.
유익균이 잘 서식할 수 있는 장 환경을 만들기 위해서는 유익균의 성장에 도움이 되는 프리바이오틱스(prebiotics)*를 섭취해야 합니다. 채소, 과일, 통곡물에 들어있는 식이섬유와 올리고당이 대표적인 프리바이오틱스이지요. 그러므로 평소 식이섬유가 풍부한 식단을 통해 장내 유익균을 늘리는 것이 바람직합니다.

••• 장내 유익균과 유해균 비교

유익균		유해균
유산균, 젖산균, 비피더스균	종류	대장균, 포도상구균
유해균과 독소 제거, 노화 억제, 면역력 증진, 정장작용 원활	작용	장내 부패 유발, 독소 생성, 장 질환 발생, 면역력 저하, 발암 물질 생성

6 치매는 노화 증상일까, 질병일까?

퇴행성 치매와 혈관성 치매를 바로 알아야 예방이 가능합니다.

뇌의 무게는 전체 체중의 2%에 불과하지만 몸 전체 에너지의 20% 이상을 사용할 만큼 하루 종일 쉬지 않고 활동합니다. 뇌는 쓸수록 좋아지기 때문에 나이가 들어도 열심히 머리를 사용하는 것이 좋답니다. 그러나 너무 많이 쓰면 노후되는 것이 자연의 이치이듯, 뇌세포 또한 과하게 일하면 기능이 저하됩니다. 또한 만성 스트레스와 음주는 뇌세포 노화를 앞당기지요. 나이가 들면 두려워지는 질환 중 하나가 치매입니다. 치매란 뇌의 지적 능력과 기억력 등 정신적인 기능이 현저하게 감퇴하는 증상으로 나이가 들수록 치매 발병률이 증가하는 건 사실입니다. 그러나 모든 노인이 치매 환자가 아닌 것처럼 '나이가 들면 누구나 치매에 걸린다'라는 것은 잘못된 생각입니다. 치매는 단순한 노화 증상이 아니라 질병인 것이지요.

건망증과 치매, 어떻게 구분할까?

건망증	치매
생리적인 뇌 현상	뇌 질환
경험의 일부 중 사소하거나 덜 중요한 일을 잊는다.	경험한 사건 전체 혹은 중요한 일을 잊는다.
힌트를 주거나 시간이 지나 곰곰이 생각하면 기억이 난다.	힌트를 주거나 시간이 지나도 기억하지 못한다.
일상생활에 지장이 없다.	일상생활에 지장이 있고 간호가 필요하다.

> **＊ 아밀로이드**
> 알츠하이머 환자의 뇌에서 발견되는 아밀로이드 플라크의 주성분이 되는 단백질. 뇌세포의 신호 전달 통로를 차단해 치매를 유발하는 것으로 알려져 있다.

치매는 크게 퇴행성 치매와 혈관성 치매로 나뉩니다. 퇴행성 치매는 뇌세포의 기능 저하와 단백질의 일종인 병적 **아밀로이드(amyloid)＊**가 뇌에 축적되어 발생하며, 흔히 알고 있는 알츠하이머가 대표적인 퇴행성 치매에 속합니다. 퇴행성 치매가 시작되면 최근의 기억부터 사라져 엊그제 일은 기억을 못 하지만, 수십 년 전에 겪었던 추억은 기억하곤 합니다. 반면 혈관성 치매는 뇌혈류 감소, 뇌경색 등 뇌혈관 손상으로 인지장애가 발생하는 질환입니다. 퇴행성 치매와 달리 언어 장애, 운동 능력 저하, 팔다리 마비와 같은 증상도 함께 나타납니다. 퇴행성 치매와 혈관성 치매 모두 근본적인 완치 방법은 없지만 얼마든지 예방할 수 있습니다. 평소에 스트레스를 잘 관리하고, 수면을 충분히 취하며, 뇌에 좋은 음식을 포함한 건강식을 섭취함으로써 뇌 건강을 지키고 치매 위험을 낮출 수 있습니다.

치매의 종류와 예방법

종류와 발생 비율	주요 위험 요인	치료와 예방
퇴행성 치매 (알츠하이머) 50~70%	고령, 가족력, 우울증 등	조기에 발견하면 치료제로 중증도 진행 지연 가능
뇌혈관성 치매 20~30%	고혈압, 당뇨병, 고지혈증 등	위험 요인을 관리하면 예방 가능 인지기능 개선제, 항응고제 등 치료제로 재발 방지
기타 치매 5~10%	뇌종양, 갑상선기능 저하증 등	원인을 해결하면 치료 가능

이론편 — 영양학 전문가가 제안하는 헬시에이징 식사 전략 5가지

이론편

영양학 전문가가 제안하는
헬시에이징 식사 전략

5가지

나이가 들수록 몸이 예전 같지 않고
건강에 이상 신호가 발생하는 것은 어쩔 수 없는 자연 현상입니다.
그러나 매일 먹는 음식을 조금만 바꾸어도 노화 속도를
어느 정도 늦출 수 있습니다. 활성산소의 공격으로부터 우리 몸을 방어하는
'헬시에이징 식사 방법'을 통해서 말이지요.
피토케미컬 식품을 비롯한 항산화 음식으로 밥상을 차리는 것,
바로 건강을 유지하며 나이 드는 헬시에이징 실천의 핵심 전략입니다.

한눈에 보는 헬시에이징 식사 전략

1 **하루 필요 칼로리에 맞춰 음식을 먹자**
나이가 들면 기초대사량이 감소해 살이 찌기 쉬운 체질로
변하므로 식사량을 조절해야 한다. 또한 과식은 당뇨병과 고혈압 등
건강 문제를 일으키기 때문에 음식을 하루 필요 칼로리만큼
먹는 것이 중요하다.

2 **혈당 변화가 적은 통곡물(로지엘 음식)을 먹자**
정제된 탄수화물은 소화·흡수가 빨라 혈당이 빠르게 오른다.
장기간 섭취할 경우 혈액 속에 당이 축적되어 혈관이 손상되고
복부 비만, 당뇨병, 고혈압을 일으킨다. 반면 현미, 귀리와 같은
통곡물(비정제 탄수화물)은 소화·흡수가 느려 혈당 변화가 적으므로
밥과 빵은 통곡물로 만든 것을 먹는다.

3 **식사할 때 피토케미컬을 먼저 먹자**
채소와 과일에는 피토케미컬(phytochemical)이라는 항산화 물질이
들어있다. 식이섬유와 수분이 풍부해 식사할 때 먼저 먹으면
포만감을 느껴 과식을 방지하고 항산화 효과도 얻을 수 있다.
식물은 저마다 다양한 피토케미컬을 함유하고 있으므로
색색의 채소를 골고루 먹는 것이 좋다.

4 **항산화 영양소를 섭취해 몸속 활성산소를 제거하자**
나이가 들수록 피부 질환, 치매, 암이 눈에 띄게 증가하는 이유는
세포 노화 때문이다. 항산화 영양소인 비타민 A, C, E, 셀레늄(Se)이
함유된 식품을 섭취해 세포 노화를 일으키는 활성산소를 제거하자.

5 **브레인 푸드로 뇌 건강을 지키고 치매를 예방하자**
비타민 B군과 오메가3 지방산은 뇌세포 기능을 도와 기억력을
향상시키고 치매를 비롯한 뇌 질환을 예방한다. 호두, 연어, 들깨,
달걀 등 비타민 B군과 오메가3 지방산이 풍부한
브레인 푸드를 섭취해 뇌를 유연하고 건강하게 유지하자.

이론편 — 영양학 전문가가 제안하는 헬시에이징 식사 전략 5가지

1 하루 필요 칼로리에 맞춰 음식을 먹자

나이가 들수록 적당량을 먹고 과식을 피해야 합니다.

※
**정제된 탄수화물과
비정제 탄수화물**
곡물의 껍질과 씨눈을 제거한 흰 곡물을 정제된 탄수화물(백미, 밀가루, 설탕 등)이라고 한다. 반면 곡물의 껍질을 벗기지 않고 씨눈을 남겨둔 곡물을 비정제 탄수화물(현미, 통밀, 메밀 등)이라고 하며 정제된 탄수화물에 비해 식이섬유, 마그네슘 등 영양소가 풍부하고 섭취 후 혈당을 천천히 올린다.

성장기에는 가능한 모든 음식을 골고루 충분히 먹어야 체격이 커지고 체력이 강화됩니다. 그러나 나이가 들면 기초대사량이 감소해 살이 찌기 쉬운 체질로 변하므로 연령에 따라 식사량을 조절해야 합니다. 특히 노화가 시작되는 40대부터는 몸에 좋은 음식을 적당량 먹고 과하게 먹지 않도록 주의해야 합니다. 과식은 당뇨병, 고혈압, 뇌졸중, 비만 등 수많은 건강 문제를 일으키고 기억력 감퇴와 치매의 위험성을 높이는 원인이 되기 때문입니다. 또한 몸에 해로운 음식을 피하는 적절한 편식이 필요합니다. 특히 밀가루, 백미, 설탕 등 **정제된 탄수화물**※은 노화를 촉진하므로 비정제 탄수화물을 먹고 양질의 단백질과 채소 섭취를 늘리는 것이 바람직합니다. 음식을 적당량 섭취하기 위해서는 먼저 나에게 필요한 하루 칼로리를 알아야 합니다. 아래 에너지 권장량 수식을 통해 하루 필요 칼로리를 계산하고 섭취량을 조절해보기 바랍니다.

•••• **에너지 권장량 수식**

| 표준 체중(kg) | = | 키(m) × 키(m) × 21(여자), 22(남자) |
| 하루 필요 칼로리(kcal) | = | 표준 체중(kg) × 30 (★ 활동량에 따라 선택) |

★ 가벼운 활동 25~30, 보통 활동 30, 심한 활동 35~40

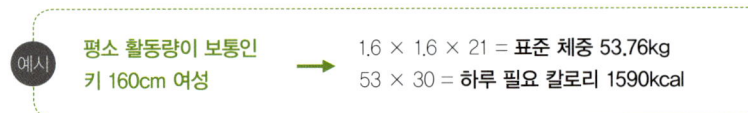

예시 평소 활동량이 보통인 키 160cm 여성 → 1.6 × 1.6 × 21 = **표준 체중 53.76kg**
53 × 30 = **하루 필요 칼로리 1590kcal**

2 혈당 변화가 적은 로지엘(Low GL) 음식을 먹자

통곡물은 혈당을 천천히 올려 인슐린이 정상적으로 분비되도록 합니다.

*
지엘
탄수화물이 함유된 식품을 섭취했을 때 소화·흡수되어 혈당을 증가시키는 정도를 말한다. 지엘이 낮으면 혈당을 많이 올리지 않아 식욕 조절과 다이어트에 도움이 된다.

인슐린저항성
인슐린은 혈액 속 포도당을 세포로 이동시켜 에너지로 사용할 수 있도록 돕는 역할을 한다. 그런데 혈당이 갑자기 오르거나 높은 상태가 지속되면 우리 몸이 인슐린 자극에 매우 둔감해져서 같은 양의 인슐린으로도 혈당을 세포로 이동하는데 어려움을 겪게 된다. 이를 '인슐린저항성'이 생겼다고 한다.

탄수화물(당분)을 섭취하면 체내에 소화·흡수되면서 혈당이 오릅니다. 이때 체내 혈당 변화를 지엘(GL, Glycemic Load)*이라고 합니다. 지엘이 높은 식품을 섭취하면 혈당 변화가 크고, 지엘이 낮은 식품을 섭취하면 혈당이 안정적으로 유지됩니다. 체내 혈당이 오르면 혈당을 낮추기 위해 몸은 인슐린을 분비합니다. 그런데 지엘이 높은 음식을 섭취하면 혈당이 급등해 실제 필요량보다 더 많은 인슐린이 과다 분비되지요. 장기간 지엘이 높은 식사를 하면 인슐린에 대한 민감도가 떨어지는 인슐린저항성*이 나타나 혈당을 낮추지 못하고, 혈액 속에 여분의 당이 많아지면서 혈관 손상이 발생합니다. 궁극적으로 복부 비만, 당뇨병, 고혈압, 이상지질혈증, 심혈관계질환에 걸릴 위험이 높아지게 되지요. 그렇다고 모든 탄수화물을 피해야 하는 건 아닙니다. 통곡물(비정제 탄수화물)과 같이 소화·흡수가 천천히 이루어져 혈당 변화가 크지 않은 로지엘(Low GL) 음식을 먹는 것이 중요하지요.

••• High GL과 Low GL 식품 섭취 후 몸의 변화 비교

	High GL		Low GL
음식 섭취	탄수화물 함량이 많고 소화 흡수가 빠른 식품 (백미, 밀가루, 라면, 과자 등)		탄수화물 함량이 적고 소화 흡수가 느린 식품(통곡물, 통밀빵, 메밀면, 견과류 등)
인슐린 분비	식후 혈당이 급격히 상승하고 인슐린이 과잉 분비됨		식후 혈당이 많이 오르지 않고 인슐린이 정상 분비됨
식욕 변화	가짜 식욕 촉진		포만감 유지
신체 변화	필요 이상의 포도당이 중성지방으로 축적되어 지방형 비만 유발		포도당이 에너지로 모두 사용되어 표준 체중 유지

이론편 — 영양학 전문가가 제안하는 헬시에이징 식사 전략 5가지

3 식사할 때 피토케미컬을 먼저 먹는 습관을 기르자

노화도 막고 병도 막는 피토케미컬의 정체는?

*

피토케미컬
식물이 유해 세균이나 곤충으로부터 자신을 보호하기 위해 만들어내는 물질이다. 피토케미컬은 영양소로 분류되지는 않아 섭취하지 않는다고 해서 결핍증이 생기는 건 아니지만, 우리 몸의 건강을 위해서는 꼭 섭취해야 하는 좋은 물질이다.

피토케미컬(phytochemical)*은 식물에 들어있는 화학 물질로 채소와 과일, 곡물 등 식물의 색소 물질을 의미합니다. 항산화 기능이 있어 세포 노화를 방지하고 면역력을 높이는 데 도움을 주지요. 식물은 저마다 한 종류의 피토케미컬만 가지고 있는 것이 아니라 수만 가지 조합을 통해 고유의 색과 맛을 내기 때문에 특정한 식품을 골라서 섭취하는 것보다는 색색의 식물을 골고루 먹는 것이 건강에 좋답니다.
피토케미컬이 풍부한 채소는 식이섬유와 수분 함량이 많아 식사할 때 먼저 먹으면 포만감을 느끼게 해 과식을 방지할 수 있습니다. 또한 꼭꼭 씹어야 하므로 혈당이 급하게 오르는 것을 막을 수 있지요. 한국보건산업진흥원 연구에 따르면 한국인은 배추, 무, 양파, 마늘 등 흰색 채소는 비교적 많이 섭취하는 반면 그 외 색깔의 채소와 과일은 부족하게 섭취하는 것으로 나타났습니다. 특히 나이가 들수록 빨강, 초록, 보라, 노란색 채소의 섭취량이 적다고 하니 특별히 더 신경 써서 섭취하는 것이 좋겠지요.

••• **색깔로 구분한 피토케미컬 식품**

흰색	도라지, 마늘, 메밀(면), 버섯, 사과, 생강, 양파
노랑·주황	강황가루, 노란색 파프리카, 당근, 대추, 머스터드, 자몽, 카무트
초록	껍질콩, 브로콜리, 미역, 부추, 시래기, 케일, 키위
빨강	딸기, 비트, 빨간색 파프리카, 수박, 자색고구마, 토마토
보라·검정	가지, 블루베리, 아로니아, 적양배추, 체리, 포도

••• 피토케미컬 종류와 식품

종류		기능	식품
카로티노이드 (carotinoid)	베타카로틴 (beta carotene)	노화 지연, 항암, 당뇨병 예방	고구마, 김, 늙은 호박, 당귀잎, 당근, 대추, 시금치, 시래기, 케일, 키위
	루테인(lutein)	시각 기능 강화, 황반 퇴화 억제	고구마, 로메인, 망고, 배추, 아보카도, 양배추, 양상추, 자두, 케일, 키위
	라이코펜 (lycopene)	심장병·전립선암 예방	고추, 당근, 수박, 자몽, 토마토
	제아잔틴 (zeaxanthin)	황반 퇴화 억제, 항암	시금치, 시래기, 오렌지, 옥수수, 파프리카, 호박
플라보노이드 (flavonoid)	레스베라트롤 (resveratrol)	혈전 형성 억제, 심장병·뇌졸중 예방, 항암	레드와인, 적포도
	캠퍼롤(kaempferol)	에스트로겐 기능 문제·유방암 예방, 혈소판 응집 억제	딸기, 라임, 레드와인, 발사믹식초, 부추, 브로콜리, 완두콩, 칼라만시, 크랜베리
	헤스페리딘 (hesperidin)	염증·혈중지질·LDL 억제, 항암, 심장병 예방	귤, 라임, 오렌지, 자몽
	안토시아닌 (anthocyanin)	세포 손상 억제, 항암, 기억력 감소·요도감염 예방	가지, 블루베리, 비트, 자두, 자색고구마, 적양배추, 체리
	케르세틴 (quercetin)	알레르기 염증 억제, 폐 질환·피부암·전립선암· 뇌암·기관지암 예방	녹차, 마늘, 메밀, 배, 사과, 상추, 아욱, 양파, 카카오닙스, 콩류
	이소플라본 (isoflavone)	유방암·폐경 증후군· 골다공증 예방, 혈중 콜레스테롤 감소	낫토, 대두, 두부, 병아리콩, 알파파싹
	칼콘(chalcone)	염증 억제, 항균, 해독, 항암	명일엽
모노테르페노이드 (monoterpenoid)	리모넨(limonene)	염증 억제, 스트레스 관리, 심혈관계질환·피부 질환· 폐 질환·대장암·유방암 예방	딜, 로즈마리, 마늘, 생강, 옥수수
페놀릭산 (phenolic acid)	커큐민(curcumin)	염증·알레르기 억제, 항암, 췌장염·관절염· 피부 질환·대장암·치매· 뇌졸중 예방	강황, 생강, 머스터드
리그난(lignan)	실리마린 (silymarin)	에스트로겐 기능 문제· 유방암 예방	껍질콩, 당근, 아마씨, 크랜베리, 해바라기씨, 호박
트리터펜(triterpene)	사포닌(saponin)	면역력 강화, 혈전 형성 억제	낫토, 대두, 두부, 수삼, 알파파싹, 옥수수

이론편 — 영양학 전문가가 제안하는 헬시에이징 식사 전략 5가지

4 내 몸을 녹슬게 하는 독소, 항산화 영양소로 해독하자

비타민 A, 비타민 C, 비타민 E, 셀레늄(Se)은 활성산소를 제거합니다.

활성산소를 억제해 세포 손상을 막고 노화를 지연시키는 영양소를 항산화 영양소라고 합니다. 비타민 A, 비타민 C, 비타민 E, 셀레늄(Se)이 대표적이지요. 비타민 A는 시각 기능과 세포 분화에 중요한 영양소로, 비타민 A의 전구체인 **카로티노이드(carotinoid)***가 항산화 효과를 가집니다. 카로티노이드는 피토케미컬에 속하는 물질로 녹황색 채소와 과일, 동물성 식품인 간과 달걀에도 함유돼 있으며 피부 질환, 노화, 심혈관계질환, 암을 예방하는데 도움이 됩니다. 비타민 C는 콜라겐(collagen) 합성에 꼭 필요한 영양소입니다. 피부, 연골과 뼈, 잇몸 등의 노화를 예방하고 면역력을 강화해 감염성 질환을 예방하는 효과가 있습니다. 비타민 E는 활성산소로 인한 세포막 손상을 막는데 중요한 역할을 합니다. 세포막은 불포화지방산이 많아 활성산소의 공격을 받기 쉬운데, 비타민 E가 활성산소를 중화시켜 불포화지방산의 산화를 막고 세포를 보호하기 때문이지요. 셀레늄(Se)은 체내에 축적된 과산화물을 제거해 암과 심혈관계질환을 예방합니다. 활성산소 작용을 억제하는 측면에서 비타민 E와 효능이 유사하지요.

* **카로티노이드**
피토케미컬의 대표 물질로 노랑, 주황, 빨강의 채소와 과일에 많다. 베타카로틴, 루테인, 제아잔틴, 라이코펜 등 수많은 종류가 있으며 기능에 차이가 있지만 대표적으로 항산화 작용을 한다.

••• **항산화 영양소가 풍부한 대표 식품**
당근, 무, 브로콜리, 아보카도, 카무트, 토마토
★ 더 많은 식품은 28쪽에서 확인

5 뇌를 유연하고 젊게 하는 영양소를 챙겨 먹자

비타민 B군, 오메가3 지방산은 뇌 질환을 예방합니다.

※
호모시스테인
단백질의 불완전한 대사로 생성되는 아미노산 중 하나. 혈액 내 호모시스테인 농도가 높아지면 혈관 내막을 손상시키고 뇌혈관계질환의 위험이 증가한다.

뇌는 알코올에 의해 취하고, 카페인에 의해 각성되거나, 마약과 약물에 의해 무의식 상태가 될 수도 있습니다. 이러한 화학 물질은 우리가 눈치채지 못하는 사이에 직·간접적으로 뇌 활동을 간섭함으로써 뇌에서 생성하는 신경전달물질과 호르몬을 비정상적으로 조절합니다. 그 결과 우울증을 비롯한 정신질환이 발생하지요. 그렇다면 뇌를 건강하게 유지하기 위해서 어떻게 해야 할까요? 뇌세포는 에너지원으로 포도당을 사용합니다. 포도당 대사에 필요한 비타민 B군(B_1, B_2, 나이아신)이 충분해야 뇌세포가 활발하게 움직일 수 있습니다. 또한 비타민 B_6, B_{12}, 엽산(B_9)은 독성 물질인 **호모시스테인(homocysteine)**※이 뇌에 쌓이는 것을 막아 치매를 비롯한 뇌 질환을 예방합니다.
오메가3 지방산 중 하나인 DHA(docosa hexaenoic acid)도 뇌 건강에 도움이 됩니다. DHA는 뇌, 신경 조직, 망막 조직을 구성하는 주요 성분으로 뇌 지방의 약 20%를 차지합니다. 신경호르몬 전달을 원활하게 하고 뇌 기능과 학습 능력 향상에 도움을 주지요. 기억력을 주관하는 뇌세포는 30세부터 감퇴하기 시작하므로 나이가 들수록 DHA를 꾸준히 섭취하는 것이 좋습니다.

••• **뇌 건강 영양소가 풍부한 대표 식품**
고등어, 달걀, 들기름(들깨), 연어, 오리고기, 호두
★ 더 많은 식품은 28쪽에서 확인

이론편 — 영양학 전문가가 제안하는 헬시에이징 식사 전략 5가지

••• 항산화 영양소 & 심·뇌혈관에 좋은 영양소와 식품

종류	기능	식품
비타민 A	시각 기능 강화, 노화 지연, 항암	간, 달걀, 당근, 시금치, 토마토, 호박
비타민 C	대장암, 지방간 예방	고구마, 딸기, 무, 비트, 석류
비타민 E	심혈관계질환·빈혈 예방	견과류, 망고, 식물성기름(포도씨유, 참기름), 아보카도, 아스파라거스
비타민 B (B_6, B_{12}, 엽산)	아미노산 대사 보조, 치매 예방	간, 강낭콩, 김, 바나나, 시금치, 연어, 오렌지, 오리고기, 우엉, 표고버섯, 현미
비타민 D	칼슘 흡수·축적 촉진	느타리버섯, 표고버섯
오메가3 지방산	심혈관계질환 예방, 항암, 뇌 건강 강화	견과류, 고등어, 꽁치, 들기름, 들깨, 정어리
감마리놀렌산	심혈관계질환·고혈압· 피부 질환 예방, 노화 지연	달맞이꽃 종자유
셀레늄(Se)	세포 손상 억제	견과류, 새우, 오리고기, 전복, 통밀
아연(Zn)	식욕 저하 예방, 면역력 강화	굴, 귀리, 그릭 요구르트, 보리, 이탈리안 파슬리
칼슘(Ca)	뼈·치아 손상 예방, 지혈 기능	그릭 요구르트, 꼬시래기, 꽃새우, 멸치, 브로콜리, 시래기, 이탈리안 파슬리, 케일
식이섬유	변비·당뇨병·심혈관계질환 예방, 포만감·체중 조절	귀리, 김, 당귀잎, 무, 미역, 양상추, 양파, 적양배추, 카무트, 퀴노아, 현미

실천

따라해보세요!
헬시에이징 밥상 차리기

1 통곡물로 밥을 짓는다
현미, 귀리, 보리와 같은 통곡물에는 식이섬유가 많아 LDL 콜레스테롤을
줄이는데 도움이 된다. 장내 유익균을 증가시키고, 발암 물질과
유해 물질 배설에도 효과가 있다.

2 등푸른생선, 달걀, 콩 등 단백질 식품을 먹는다
등푸른생선에 많은 오메가3 지방산은 심혈관계질환을 예방하고
뇌와 시각 기능에 도움을 준다. 식물성 단백질 식품을 중심으로 하되,
견과류, 생선, 달걀 등을 먹도록 한다.

3 심심하게 무친 나물, 샐러드, 쌈 채소 섭취를 늘린다
채소에 함유된 풍부한 식이섬유, 항산화 영양소, 피토케미컬은
혈관에 플라크가 생성되지 않도록 도와 혈관을 건강하게 유지한다.
또한 장내 유익균의 생성을 돕고 유해균을 억제한다.

4 발효식품과 프로바이오틱스를 꾸준히 챙겨 먹는다
발효식품은 혈관과 장을 건강하게 하고 면역력을 강화한다.
우유를 젖산 발효한 요구르트나 치즈, 콩을 발효시킨 낫토와 청국장,
건강기능식품인 프로바이오틱스 보충제를 먹어도 좋다.

5 물은 하루에 8잔 마신다
수분은 혈액 구성물로서 영양소를 조직으로 운반하고
노폐물 배설에 도움을 준다. 또한 체온과 체액의 산도를 조절하고,
탱탱하고 탄력 있는 피부를 만드는 등 모든 신진대사를 돕는다.

> 이론편

100세 건강을 책임지는
헬시에이징 생활 전략

3가지

모든 사람이 똑같이 나이 들지만, 나이 든 모든 사람이
체력이 저하되고 삶의 의욕이 떨어지는 건 아닙니다.
잘못된 생활습관이 하루하루 쌓이면 노화 속도가 가속화되어
삶의 질과 만족도가 떨어지게 되는 것이지요.
100세까지 건강한 몸과 정신을 유지하기 위해
오늘부터 헬스에이징 생활 전략을 실천하세요.
에너지 넘치는 활기찬 일상을 느낄 수 있을 것입니다.

1 수면의 질로 신체 나이를 되돌리자

깊은 잠은 지친 뇌를 쉬게 하고 치매를 예방합니다.

※
멜라토닌
뇌에서 분비되는 호르몬으로 수면과 각성 주기를 조절한다. 낮에 충분한 햇빛을 받아 멜라토닌 전구체가 합성되고, 이것이 밤에 멜라토닌으로 전환되어 분비량이 증가하면서 수면을 유도한다.

우리 몸은 외부 환경의 변화에도 일정한 상태를 유지하려는 성질이 있습니다. 이러한 신체의 항상성이 무너지면 건강에 문제가 발생합니다. 항상성을 유지하기 위해서는 규칙적이고 건강한 수면이 매우 중요합니다. 수면은 단순한 휴식이 아닌, 생명 유지를 위해서 꼭 필요한 과정인 셈이지요. 우리 뇌에는 알람 시계보다 더 정확한 생체 시계가 있어서 빛을 감지하고 낮과 밤에 따라 수면 유도 호르몬인 **멜라토닌(melatonin)**※ 분비량을 조절합니다. 밝은 낮에는 멜라토닌 분비가 억제되고 체온이 올라가 각성을 유도하는 반면, 어두운 밤에는

●●● **수면의 헬시에이징 효과**

이론편 — 100세 건강을 책임지는 헬시에이징 생활 전략 3가지

※
교감신경과 부교감신경
우리 몸의 항상성을 유지하는 자율신경계는 교감신경과 부교감신경으로 구분된다. 교감신경이 긴장, 흥분, 놀람, 스트레스 등의 감정으로 활성화되면 심장 박동과 호흡의 속도가 빨라지고 혈압과 혈당이 높아진다. 반면, 부교감신경은 신체를 이완시켜 안정되게 한다. 두 개의 신경은 서로 반대되는 작용을 하며 인체의 균형을 유지한다.

체온이 떨어지고 멜라토닌 분비가 증가해 잠들게 됩니다. 잠을 자는 동안 분비되는 멜라토닌은 혈압과 심장 박동을 안정시키고 스트레스를 완화하며 세균과 바이러스에 대한 저항력을 높여 면역력을 강화해 줍니다. 따라서 잠을 푹 자면 손상된 신경계와 세포가 회복되고, 에너지를 충전할 수 있지요. 반면, 잠이 부족하거나 깊게 잠들지 못하면 **교감신경과 부교감신경**※의 균형이 깨지고 생리 기능과 면역력이 저하되어 활력을 잃게 됩니다. 또한 식욕을 촉진하는 호르몬인 그렐린(ghrelin) 분비가 늘어나 비만이 될 가능성이 증가합니다. 수면 부족이 지속될 경우 독성 단백질인 베타아밀로이드가 증가해 치매 위험 또한 높아집니다. 게다가 한 연구에서는 하루 6시간 미만으로 잠을 자는 사람의 경우 기억력 및 언어 구사력 등 뇌 기능이 저하된다는 결과까지 발표했습니다.
나이가 들수록 수면 시간이 줄어들고 깊게 잠들지 못하는 사람들이 많습니다. 실제로 40대에 접어들면 잠들기도 어려울 뿐만 아니라 자다가도 자주 깨곤 합니다. 하지만 평소 건강하게 생활한다면 수면의 질은 얼마든지 높일 수 있습니다. 신체 활동이 줄어들었거나 낮잠을 지나치게 자는 건 아닌지, 스트레스를 과하게 받거나 자기 전에 과식하는 건 아닌지 등 수면을 방해하는 습관을 개선하려는 노력이 필요합니다.

실천

따라해보세요!
헬시에이징 수면 가이드

1 매일 일정한 시간에 잠들고 일어난다
- 가능한 밤 11시 전에는 잠자리에 들고 하루 6~8시간 잔다.
- 낮잠은 30분 이내로 제한한다.
- 부족한 잠을 보충하기 위해 한 번에 몰아서 자지 않는다.

2 저녁 식사는 잠들기 2시간 전에 마치고 과식을 하지 않는다
- 수면 중 깨지 않기 위해 저녁에는 물이나 음료를 많이 마시지 않는다.
- 알코올과 카페인은 자기 전에 마시지 않는다.

3 규칙적으로 운동한다
- 낮에 30분 이상 땀이 날 정도로 운동한다.
- 저녁에는 산책하거나 걷는 등 가볍게 운동한다.
- 잠자리에 들기 직전에는 마사지나 스트레칭으로 몸을 이완한다.

4 침실 환경을 쾌적하게 유지한다
- 침실은 조용하고 어둡게 한다.
- 잠자리에서 TV나 휴대폰을 보는 것은 피한다.
- 침실 온도는 18~20℃, 습도는 50~60%로 유지한다.

5 긴장을 풀고 편안한 마음으로 잠자리에 든다
- 잠들기 전에 복식 호흡, 명상, 스트레칭으로 긴장을 완화한다.
- 상의를 입고 양말을 신어 손과 발을 따뜻하게 한다.
- 20분 이내 잠들지 않으면 일어난 후 다시 잠을 청한다.

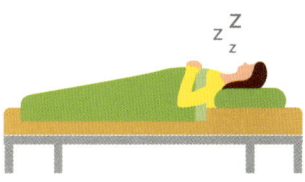

2 나이를 잊고 사는 사람들의 비결, 운동
매일 간단한 운동으로도 충분한 효과를 얻을 수 있습니다.

나이가 들면 자연스럽게 신체 활동량이 감소하고 근육 사용량이 줄어듭니다. 근육 감소를 최소화해야만 긍정적이고 활발한 생활을 할 수 있는데, 일반적으로 근육은 35세부터 해마다 약 1%씩 줄어들다가 60세가 되면 급격히 감소한다고 알려져 있습니다. 근육 운동을 하지 않는다면 10년마다 2~3kg의 근육이 사라지는 셈이지요. 평소 꾸준한 운동을 통해 근력과 유연성을 기르면 일상생활에서 불편함을 겪지 않고 낙상과 골절 위험을 예방할 수 있습니다. 또한 노화로 인한 심폐 기능 저하를 개선하고, 신진대사를 활성화하여 만성 질환을 예방할 수 있지요. 운동은 신체 건강뿐만 아니라 나이가 들면 나타나는 심리적 위축감과 우울감을 예방하고 치료하는데 도움이 됩니다. 신체를 활발하게 움직이면 스트레스나 불안감이 해소되어 심리적인 안정감을 느끼게 되기 때문이지요. 그러나 지나친 운동은 몸에 부담을 주고 활성산소를 증가시킵니다. 따라서 적절한 강도로 전신 근육을 사용하는 걷기, 수영, 자전거 타기 등의 운동이 적당하지요. '몸은 쓰지 않으면 기능을 상실하고 퇴화한다'는 말을 기억하며 오늘부터 신체 활동을 늘려보기 바랍니다.

운동의 헬시에이징 효과

근육량 증가
유연성 향상
→
낙상 위험 감소
심폐 기능 향상
신진대사 활발
심리적 안정감
→
만성 질환 예방
면역력 향상
신체 노화 지연

> 실천

따라해보세요!
헬시에이징 스트레칭

코어 근육과 복부를 강화하는 힙브릿지
그 밖의 효과 _척추 통증 개선, 생리통 완화

1 누운 상태에서 무릎을 사진과 같이 구부려 발과 다리가 11자가 되도록 벌린다. 손바닥으로 바닥을 짚고 복부에 힘을 주어 허리가 뜨지 않도록 한다.

2 등이 바닥에서 떨어질 만큼 엉덩이를 들어 올린다. 복부의 힘을 그대로 유지하고 고개가 들리지 않도록 턱을 당긴다. 엉덩이를 바닥으로 내린다. 20회씩 4세트 반복한다.

유연성을 높이는 44 운동
그 밖의 효과 _다리 저림·허리 통증 개선

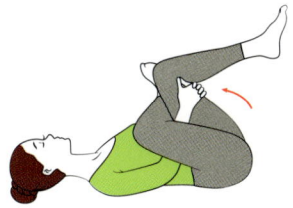

1 누운 상태에서 오른발을 왼쪽 허벅지에 얹어 숫자 4를 만든다.

2 손으로 왼쪽 허벅지를 깍지 낀 상태로 잡은 후 다리를 가슴 쪽으로 당긴다. 당기는 동작에 호흡을 내쉰다. 엉덩이가 바닥에서 떨어지지 않도록 허리에 힘을 주고 10초간 유지한다. 좌우 3회씩 반복한다.

3. 스트레스를 줄이고 감정을 다스리자

뇌는 스트레스에 반응하고 감정을 조절합니다.

> **단기 스트레스**
> 짧은 시간 동안 가볍게 겪는 스트레스. 테스트를 앞두거나 데이트를 하기 전에 느끼는 떨리는 감정이나 놀이기구를 타기 전의 흥분되는 감정 등 희열감이나 성취감을 느끼게 하여 인체에 긍정적인 영향을 준다.

노화를 촉진하는 대표 요인 중 하나가 만성 스트레스입니다. 스트레스는 인체가 위협을 느꼈을 때 본능적으로 이전의 편안한 상태로 돌아가려고 애쓰면서 겪게 되는 신체적·심리적 반응을 말합니다. 스트레스 반응은 인체가 항상성을 유지하려고 노력하는 과정이라고 할 수 있지요. 짧은 시간 동안 가볍게 겪는 **단기 스트레스***는 희열감과 성취감을 느끼게 하여 인체에 긍정적인 영향을 주는 반면, 장기간 지속되는 만성 스트레스는 정신적인 피로감을 느끼게 하여 인체에 부정적인 영향을 줍니다. 사실상 스트레스 없이 사는 것은 불가능하고 피할 수 있는 것도 아닙니다. 그러므로 스트레스를 줄이고 현명하게 관리하는 것이 중요하지요. 많은 사람이 스트레스를 관리하기 위해 감정을 다스립니다. 그렇다면 우리 몸에서 감정을 조절하는 곳은 어디일까요? 바로 뇌입니다. 뇌는 스트레스에 반응하고 감정을 조절하며 인체에 긍정적·부정적인 영향을 줍니다. 뇌가 스트레스를 인지하면 스트레스 호르몬인 코르티솔(cortisol)이 분비되는데, 만성 스트레스로 괴로운 감정 상태가 지속되면 인체가 코르티솔에 노출되는 시간이 길어집니다. 또한 나이가 들면 뇌세포 기능이 떨어져 코르티솔이 분비된 후 정상 수치로 돌아오는 시간이 점점 늦어지게 되고, 그로 인해 염증 반응과 뇌세포 손상이 가속화됩니다.

✽

신경전달물질

뇌는 수많은 신경 세포로 이루어져 있다. 신경 세포들은 서로 정보를 주고받으며 끊임없이 소통한다. 이때 소통에 필요한 물질을 신경전달물질이라고 부른다. 신경전달물질을 분비하며 상호 작용을 통해 서로에게 변화를 주고, 이 변화가 모여 감정이 조절된다.

반면 유쾌한 감정을 가지면 뇌는 신경전달물질*인 엔도르핀(endorphin)과 행복 호르몬인 세로토닌(serotonin) 분비를 촉진해 생활의 의욕과 활력을 높여줍니다. 결국 뇌에서 신경전달물질과 호르몬이 상황에 따라 적절하게 분비되고 조절될 때 신체의 불편함이나 정신적인 고통이 줄어들고 건강한 삶이 가능한 것이지요. 하지만 무엇보다 스트레스를 줄이는 것이 가장 좋습니다. 스트레스를 유발하는 요인은 매우 많지만 지극히 개별적이기 때문에 스스로 요인을 파악하고 대처해야겠지요. 명상, 수면, 운동, 음악 듣기, 물 마시기 등을 통해 감정을 다스리고 스트레스를 줄이는 노력이 필요합니다.

••• 스트레스와 유쾌한 감정으로 인한 몸의 변화

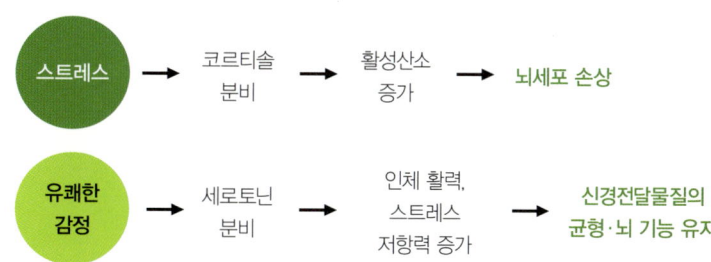

따라해보세요!
헬시에이징 구강 관리

1 하루 3회 이상, 3분 동안 올바른 방법으로 양치질을 한다
- 기상 후, 음식 섭취 후 3분 이내, 취침 전에는 반드시 양치질을 한다.
- 칫솔질은 위아래로, 잇몸에서 치아 방향으로 쓸어내리듯 닦는다.
- 잇몸과 혀까지 깨끗하게 닦는다.

2 양치질 후 치간칫솔과 치실을 사용한다
- 하루 1회 이상 치간칫솔과 치실을 사용해 닦는다.
- 이쑤시개는 잇몸과 치아를 손상시키므로 사용하지 않는다
- 칫솔은 통풍이 잘되는 곳에 보관하고, 칫솔모가 휘면 교체한다.

3 흡연을 삼가한다
- 담배는 절대 피우지 않는다.
- 현재 흡연자라면 하루빨리 금연한다.
- 금연 상담 및 약물 치료는 보건소나 치과에 도움을 구한다.

4 설탕과 전분이 많은 음식을 줄이고, 채소는 충분히 섭취한다
- 탄산음료와 단 음식, 전분이 많은 음식은 충치를 유발하므로 피한다.
- 치아를 튼튼하게 하는 칼슘이 풍부한 음식과 채소를 충분히 섭취한다.
- 입안이 마르지 않도록 평소 물을 자주 마신다.

5 1년에 2회 이상 정기적으로 치과를 방문한다
- 6개월마다 정기적인 구강 검진을 받는다.
- 최소 1년에 1회 이상 치석을 제거한다.
- 충치 위험이 높은 경우 치아 표면에 불소 도포 치료를 받는다.

실천

따라해보세요!
헬시에이징 눈 관리

1 **전자기기는 적당히 사용한다**
   - 전자기기 화면을 너무 밝지 않게 하고 되도록 짧은 시간 사용한다.
   - 업무상 오래 사용할 때는 1시간마다 눈을 감거나 먼 곳을 응시한다.

2 **공간 밝기를 조절한다**
   - 책, 신문은 어두운 곳에서 보지 않는다.
   - 스탠드 방향을 조절해 글자에 그늘이 지지 않도록 한다.

3 **의식적으로 자세를 바르게 한다**
   - 책과 눈은 30cm 정도 거리를 두고 읽는다.

4 **눈 건강에 좋은 식품을 충분히 섭취한다**
   - 비타민 A, DHA, 칼슘, 마그네슘이 함유된 달걀노른자, 등푸른생선, 멸치를 반찬으로 자주 섭취한다.
   - 안토시아닌이 풍부한 포도, 딸기, 블루베리를 간식으로 먹는다.

5 **눈 운동을 한다**
   - 눈을 5초간 상하, 좌우, 대각선으로 응시한 후 2초 동안 깜빡인다.

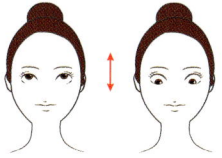 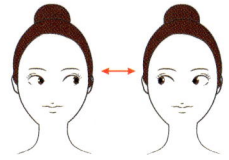 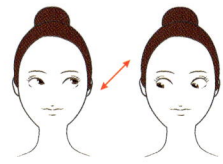

상하로 움직이기   좌우로 움직이기   대각선으로 움직이기

part 2

식재료편

- 헬시에이징 식재료 72가지의 영양학적 효능과 조리·섭취 방법

헬시에이징 식재료 72가지

곡물·콩
01 귀리(오트밀)
02 껍질콩
03 낫토
04 두부
05 메밀(면)
06 병아리콩
07 카무트
08 퀴노아
09 현미

채소·버섯
10 가지
11 느타리버섯
12 당근
13 도라지
14 마늘
15 무
16 무청(시래기)
17 부추
18 브로콜리
19 비트
20 새송이버섯
21 생강
22 아스파라거스
23 알파파싹
24 양송이버섯
25 양파
26 우엉
27 자색고구마
28 적양배추
29 케일
30 토마토
31 파프리카
32 표고버섯

과일
33 대추
34 블루베리
35 사과
36 아보카도
37 자몽
38 키위

해산물
39 고등어
40 꼬시래기
41 굴
42 김
43 다시마
44 멸치
45 모시조개
46 미역
47 바지락
48 연어
49 오징어
50 전복
51 황태

달걀·육류
52 달걀
53 닭가슴살
54 돼지고기 안심
55 쇠간
56 오리고기

허브·약초
57 당귀잎
58 딜
59 로즈메리
60 명일엽
61 수삼
62 이탈리안 파슬리

견과류
63 브라질넛츠
64 카카오닙스
65 피스타치오
66 해바라기씨
67 호두

기타
68 강황(가루)
69 그릭 요구르트
70 들깨(가루, 기름)
71 머스터드
72 발사믹식초

01 귀리(오트밀)

헬시에이징 효능
- 귀리는 단백질 함량이 백미보다 2배 높은 고단백 곡류로 세계 10대 슈퍼푸드에 해당된다.
- 귀리를 먹기 좋게 익혀 압착한 것이 오트밀이다.
- 식이섬유가 혈중 콜레스테롤과 혈당 수치를 낮춰 성인병을 예방한다.
- 비타민 B와 무기질이 노화로 인한 뇌세포의 기능 저하를 막는다.
- 아연이 생식 기능의 노화를 예방한다.

조리·섭취 방법
- 귀리는 불려서 밥을 지을 때 넣으면 소화를 도울 수 있다.
- 오트밀은 우유나 요구르트에 불려서 떠먹거나 냄비에 끓여 죽처럼 먹는다.

02 껍질콩

헬시에이징 효능
- 비타민 C가 체내 독성 물질을 제거하고 면역력을 강화하며, 피부 노화를 예방한다.
- 피토케미컬인 리그난(lignan)이 여성 호르몬의 불균형을 조절하고 유방암을 예방한다.

조리·섭취 방법
- '그린빈'이라고도 부르며 껍질째로 먹는다. 끓는 물에 데치거나 팬에 볶아 샐러드, 볶음, 조림, 무침 등으로 다양하게 사용한다.

03 낫토

헬시에이징 효능
- 삶은 콩을 발효 시켜 만든 일본 전통 음식이자 대표적인 프로바이오틱스 식품이다.
- 발효 과정에서 생성된 효소 성분인 낫토키나제(nattokinase)가 혈전을 녹여 고혈압과 심혈관계질환을 예방한다.
- 장내 유익균의 먹이가 되는 식이섬유를 함유하고 있어 유익균 증식을 돕는다.
- 피토케미컬인 사포닌(saponin)이 면역 기능을 향상시키고 암을 예방한다.

조리·섭취 방법
- 낫토의 풍부한 영양은 끈적한 점액 안에 들어 있다. 젓가락으로 충분히 휘저어서 점액질이 많이 생긴 상태로 섭취한다.
- 낫토키나제는 열에 약하므로 가급적 생으로 먹거나, 열조리 시간을 최소로 한다.

04 두부

헬시에이징 효능
- 불포화지방산을 함유하고 있어 포화지방산이 많은 고기를 대체할 수 있는 좋은 단백질 식품이다.
- 건강에 이로운 기능성 물질인 이소플라본, 사포닌, 레시틴을 함유한 대표적인 콩 식품으로 소화·흡수가 잘 된다.
- 콜레스테롤 및 혈당 관리, 체중 조절, 갱년기 증상 완화에 도움이 되며 노화로 인한 만성 질환과 암을 예방한다.

조리·섭취 방법
- 콩을 갈아서 만들었지만 비지를 제거한 두부에는 식이섬유와 비타민 C가 부족하므로 채소와 함께 먹어 부족한 영양을 보충한다.
- 이소티오시아네이트(isothiocyanate)가 함유된 식품(적양배추, 브로콜리)과 함께 먹으면 맛과 영양의 효과가 배가된다.

05 메밀(면)

헬시에이징 효능
- 탄수화물의 공급원이면서 동시에 단백질 함량이 많다.
- 피토케미컬인 케르세틴(quercetin)이 항산화·항균 작용을 하여 혈관과 뇌를 건강하게 유지하고 노화를 예방한다.
- 루틴(rutin)이 혈관을 튼튼하게 해 동맥경화와 고혈압을 예방한다.

조리·섭취 방법
- 소면 대신 메밀면을 사용하면 메밀 섭취를 늘릴 수 있다.
- 케르세틴은 수용성 물질로 물에 녹아 나오므로 메밀차로 섭취해도 좋다.

06 병아리콩

헬시에이징 효능
- 콩의 중간 부분이 마치 병아리 부리처럼 튀어나와 붙여진 이름으로 슈퍼곡물에 속한다.
- 철분과 엽산이 빈혈을 예방하고 뇌를 건강하게 한다.
- 피토케미컬인 이소플라본(isoflavone)이 콜레스테롤을 조절하고 유방암을 예방하며 폐경기 증상을 완화한다.

조리·섭취 방법
- 불려서 밥을 지을 때 넣거나 삶아서 샐러드에 곁들이면 단백질 섭취를 늘리고 포만감을 높일 수 있다.
- 식이섬유 함량이 많아 한 번에 너무 많이 먹으면 더부룩함을 느낄 수 있으므로 적당량을 먹는 것이 좋다.

07 카무트

헬시에이징 효능
- 밀보다 낟알이 2~3배 큰 고대 원시 곡물이다.
- 식이섬유가 현미의 3배, 백미의 8배 이상 함유돼 있어 콜레스테롤 수치를 낮추고 당뇨병을 개선한다.
- 피토케미컬인 베타카로틴(beta carotene)이 활성산소로 인한 세포 손상을 막아 노화를 지연시킨다.
- 루테인(lutein)이 눈의 피로와 시력을 개선하고 백내장, 황반변성과 같은 눈 질환을 예방한다.

조리·섭취 방법
- 불려서 밥을 지을 때 넣거나 삶아서 샐러드에 곁들이면 식이섬유 섭취를 늘릴 수 있고, 쫀득하고 톡톡 터지는 식감도 즐길수 있다.

08 퀴노아

헬시에이징 효능
- 탄수화물 함량이 적고 칼로리가 낮은 고단백 슈퍼곡물이다.
- 칼슘, 철분, 마그네슘 등의 무기질과 미량 영양소가 풍부해 혈압 조절과 골다공증 예방에 좋다.
- 불포화지방산(리놀레산)을 함유하고 있어 혈액 순환과 노화 방지에 도움이 된다.
- 혈당지수가 낮아 혈당 조절이 필요한 경우에 활용하기 좋다.

조리·섭취 방법
- 밥을 지을 때 넣거나 삶아서 샐러드에 곁들이면 단백질과 필수아미노산을 보충할 수 있다.

09 현미

헬시에이징 효능
- 백미보다 식이섬유, 무기질, 비타민 함량이 많다.
- 식이섬유가 포만감을 주고 장운동을 도우며, 혈중 콜레스테롤과 혈당 수치를 낮춰 만성 질환을 예방한다.
- 쌀겨와 쌀눈에 함유된 비타민 B군이 탄수화물 대사를 원활하게 해 에너지 생성을 돕는다.

조리·섭취 방법
- 식감이 거칠어 꼭꼭 많이 씹어 먹어야 소화가 잘 되고 혈액순환 촉진 효과도 기대할 수 있다.

10 가지

헬시에이징 효능
- 피토케미컬인 안토시아닌(anthocyanin)이 체내 지방질을 흡수해 피를 맑게 하고 혈중 콜레스테롤 수치를 낮춘다.
- 피토케미컬인 베타카로틴(beta carotene)이 백내장을 예방하고 노화로 인한 눈의 피로감을 줄인다.
- 칼륨이 체내 나트륨과 노폐물 배설을 도와 고혈압을 예방한다.

조리·섭취 방법
- 안토시아닌은 열에 약하고 변색되기 쉬우므로 생으로 먹거나 가열 시간을 짧게 한다.
- 기름 흡수가 뛰어나므로 들기름과 함께 익혀 먹으면 항산화 효과를 높일 수 있다.
- 잎에는 독성 성분인 솔라닌(solanine)이 함유돼 있으므로 제거하고 먹는다.

11 느타리버섯

헬시에이징 효능
- 수분을 90% 함유하고 있어 포만감이 좋으며, 식이섬유가 풍부해 혈액 속 콜레스테롤 수치를 낮춘다.
- 나이아신(niacin)과 셀레늄(selenium)이 풍부해 피로 회복에 효과적이며 각종 질병에 대한 면역력을 높인다.

조리·섭취 방법
- 독특한 향과 감칠맛을 내는 렌티오닌(lenthionine)을 함유하고 있어 국물 요리에 사용하면 좋다.

12 당근

헬시에이징 효능
- 체내에서 비타민 A로 전환되는 베타카로틴(beta carotene) 함량이 가장 많은 채소. 활성산소로 인한 세포 손상을 방지해 노화를 지연시키고 암세포의 성장을 억제한다.
- 피토케미컬인 라이코펜(lycopene)이 혈류를 개선하고 발암 물질을 제거해 심장병과 전립선암을 예방한다.

조리·섭취 방법
- 껍질에 베타카로틴 함량이 많으므로 껍질을 벗기지 않고 섭취하거나 가능한 얇게 깎는 것이 좋다.
- 베타카로틴과 라이코펜은 지용성 물질로 기름과 함께 조리하면 체내 흡수가 좋아진다.

13 도라지

헬시에이징 효능
- 피토케미컬인 사포닌(saponin)이 혈당과 콜레스테롤 수치를 낮춘다.
- 칼슘이 골밀도 저하를 예방하여 뼈와 치아 손상을 방지한다.

조리·섭취 방법
- 손질된 시판 도라지는 공기와 접촉하는 시간이 길어지면서 맛, 향, 영양이 떨어진 경우가 많다. 껍질 상태로 파는 국산 도라지를 구입한다.
- 쓴맛을 제거하고 싶다면 가늘게 썰어 소금에 주물러 씻은 후 물에 담가 둔다.
- 사포닌이 위점막을 자극하므로 위궤양이 있는 사람은 주의한다.

14 마늘

헬시에이징 효능
- 매운맛을 내는 알리신(allicin)이 신경세포 재생을 촉진해 치매를 예방한다.
- 살균·항균 작용으로 유해한 세균을 제거해 면역 기능을 강화한다.
- 혈액 흐름을 방해하는 지방을 체외로 배출해 고혈압을 예방한다.
- 인슐린 분비를 촉진해 당뇨병을 개선한다.
- 생마늘을 열처리하여 숙성시킨 흑마늘은 항산화 물질인 페놀화합물(phenolic compound)과 플라보노이드(flavonoid) 함량이 생마늘보다 높다.

조리·섭취 방법
- 생으로 또는 익혀서 먹어도 효능이 감소하지 않는다.

15 무

헬시에이징 효능
- 비타민 C가 체내 독성 물질을 제거하고 면역력을 강화한다.
- 이소티오시아네이트(isothiocyanate)가 항암·항균·항염 작용을 한다.
- 다양한 소화효소(diastase)를 함유하고 있어 소화를 돕고 속을 편안하게 한다.
- 시니그린(sinigrin)이 기관지 점막을 강화하고 가래를 묽게 해 기관지 질환을 예방한다.

조리·섭취 방법
- 껍질에 비타민 C 함량이 많으므로 깨끗이 씻어 껍질째 먹는다.
- 소화효소는 열을 가하면 파괴되므로 소화를 돕기 위해 먹는다면 즙을 내거나 생으로 먹는다.

16 무청(시래기)

헬시에이징 효능
- 무청은 무의 잎과 줄기를 말하며, 무보다 식이섬유, 칼슘, 철분, 비타민 C를 더 많이 함유하고 있다.
- 피토케미컬인 베타카로틴(beta carotene)이 활성산소로 인한 세포 손상을 막아 노화를 지연시킨다.
- 피토케미컬인 제아잔틴(zeaxanthin)이 눈의 황반변성을 억제해 시각 기능을 유지한다.
- 칼슘이 골밀도 저하를 예방하여 뼈와 치아 손상을 방지한다.

조리·섭취 방법
- 베타카로틴, 제아잔틴은 지용성 물질로 기름과 함께 조리하면 체내 흡수가 좋아진다.
- 무청을 말려 시래기로 먹으면 영양이 더 우수해진다.

17 부추

헬시에이징 효능
- 매운 향을 내는 유황화합물(allyl disulfide)이 살균·해독 작용을 한다.
- 피토케미컬인 베타카로틴(beta carotene)이 활성산소로 인한 세포 손상을 막아 노화를 지연시킨다.

조리·섭취 방법
- 피토케미컬인 케르세틴(quercetin)을 함유한 식품(메밀면, 마늘)과 함께 먹으면 체내 영양 흡수가 좋아지고 항암 효과가 상승한다.

18 브로콜리

헬시에이징 효능
- 피토케미컬인 베타카로틴(beta carotene)이 활성산소로 인한 세포 손상을 막아 노화를 지연시키고 암과 성인병을 예방한다.
- 칼슘이 골밀도 저하를 예방하여 뼈와 치아 손상을 방지한다.
- 피토케미컬인 캠퍼롤(kaempferol)이 혈소판 응집을 억제하고 동맥경화를 예방한다.
- 이소티오시아네이트(isothiocyanate)가 항암·항균·항염 작용을 한다.

조리·섭취 방법
- 끓는 물에 삶으면 비타민 C, 엽산, 일부 항암 물질이 파괴될 수 있으므로 찌거나 전자레인지로 짧은 시간 조리한다.
- 베타카로틴은 지용성 물질로 기름에 볶거나 오일 드레싱을 곁들여 먹으면 체내 흡수율이 높아진다. 견과류와 함께 먹어도 좋다.

19 비트

헬시에이징 효능
- '빨간 무'라고도 불린다. 피토케미컬인 안토시아닌(anthocyanin)이 활성 산소를 제거하고 적혈구의 생성 능력을 향상시켜 혈관을 건강하게 한다.
- 비타민 C가 체내 독성 물질을 없애고 면역력을 강화하며, 피부 노화를 예방한다.
- 엽산이 뇌와 혈관 질환을 유발하는 독성 물질인 호모시스테인(homocysteine) 농도를 낮춰 뇌졸중과 동맥경화를 예방한다.

조리·섭취 방법
- 15분 내로 찐 후 치즈나 발사믹 드레싱을 곁들여 샐러드로 즐긴다.
- 신맛과 단맛이 나는 사과, 베리류와 함께 생으로 갈아 먹으면 맛과 영양의 효과를 더 얻을 수 있다.

21 생강

헬시에이징 효능
- 피토케미컬인 커큐민(curcumin)이 항산화·항염·항암 작용을 하여 노화로 인한 질병과 성인병을 예방하고, 피부 질환을 개선한다.
- 매운맛을 내는 진저롤(zingerol), 쇼가올(shogol)이 호흡기 염증을 줄이고 폐 질환을 예방한다.

조리·섭취 방법
- 껍질에 커큐민이 많으므로 껍질은 최대한 얇게 벗긴 후 사용한다.
- 생강을 끓여 차로 마시면 체온이 오르고 스트레스가 완화된다.
- 생강을 말리면 매운맛은 줄어들고 효능은 상승한다. 생강을 편으로 썰어 햇볕이 잘 드는 곳에서 건조시킨 후 끓는 물에 넣어 차로 마신다.
- 썩은 생강에는 사프롤(safrole)이라는 독성 물질이 있다. 썩은 부분을 도려내도 독성 물질이 퍼져 있으므로 먹지 않는다.

20 새송이버섯

헬시에이징 효능
- 폴리페놀(polyphenol)이 항염·항암·항바이러스 작용을 해 면역력을 강화한다.
- 식이섬유가 포만감을 주고 장운동을 촉진해 체중 조절을 돕는다. 또한 혈중 콜레스테롤 및 혈당 수치를 낮춰 만성 질환을 예방한다.

조리·섭취 방법
- 가열하여도 쫄깃한 식감과 은은한 향이 유지되므로 국물 요리에 활용해도 좋다.

22 아스파라거스

헬시에이징 효능
- 아미노산의 일종인 아스파라긴산이 체내 신진대사를 원활하게 하고 피로 물질을 제거해 체력을 강화한다. 또한 이뇨 작용을 촉진해 체내 노폐물 배출을 돕는다.
- 비타민 E가 활성산소로부터 세포를 보호하고 노화를 지연시킨다.
- 식이섬유가 장운동을 도와 변비를 개선하고, 혈중 콜레스테롤과 혈당 수치를 낮춰 만성 질환을 예방한다.

조리·섭취 방법
- 봉오리 부분이 활짝 피지 않고 붓처럼 모여 있는 것, 줄기 부분이 휘지 않고 굵으며 색이 진한 것을 고른다.
- 센 불에서 단시간 볶으면 아삭한 식감이 그대로 유지된다. 볶음 요리나 따뜻한 샐러드로 활용하기 좋다.

23 알파파싹

헬시에이징 효능
- 피토케미컬인 제니스틴(genistein)이 유방암, 자궁내막암 등 여성 호르몬과 관련된 질환을 예방한다.
- 폴리페놀(polyphenol)이 항염·항암·항바이러스 작용으로 면역력을 강화한다.
- 피토케미컬인 사포닌(saponin)이 혈전 형성을 줄여 심혈관계질환을 예방한다.

조리·섭취 방법
- 아삭한 식감과 알싸한 맛이 좋은 새싹 채소로 비빔밥, 샐러드, 냉채에 활용하면 본연의 맛을 느낄 수 있다.

24 양송이버섯

헬시에이징 효능
- 우유와 유사한 수준의 단백질을 함유한 고단백 식품이다.
- 트립신(trypsin), 아밀라아제(amylase) 등 소화효소를 함유하고 있어 소화를 돕는다.
- 비타민 D와 식이섬유가 혈중 콜레스테롤과 혈당 수치를 낮춰 만성 질환을 예방한다.

조리·섭취 방법
- 육류와 함께 먹으면 육류에 포함된 콜레스테롤과 포화지방의 배출을 돕는다.

25 양파

헬시에이징 효능
- 피토케미컬인 케르세틴(quercetin)이 혈관과 뇌를 건강하게 유지한다. 또한 알레르기 염증을 억제하고 기관지 질환을 예방한다.
- 비타민 C가 체내 독성 물질을 제거하고 면역력을 강화한다.

조리·섭취 방법
- 껍질에 케르세틴 함량이 많으므로 깨끗이 씻어 국물을 낼 때 사용하면 영양 섭취를 늘릴 수 있다.

26 우엉

헬시에이징 효능
- 비타민 B가 뇌와 혈관 질환을 유발하는 독성 물질인 호모시스테인(homocysteine) 농도를 낮춰 뇌졸중과 동맥경화를 예방한다.
- 식이섬유가 유산균 성장을 도와 장 환경을 개선하고 변비를 예방한다.
- 탄닌(tannin)이 소염 작용을 하여 피부 트러블을 유발하는 독소를 제거한다.

조리·섭취 방법
- 갈변이 쉽게 일어나므로 껍질을 벗기자마자 바로 요리하거나 물에 담가 두었다가 사용한다.

27 자색고구마

헬시에이징 효능
- 피토케미컬인 안토시아닌(anthocyanin)이 활성산소를 제거하고 적혈구의 생성을 촉진해 혈관을 건강하게 한다.
- 피토케미컬인 베타카로틴(beta carotene)이 면역 세포인 T-세포 생성을 촉진해 면역력을 강화한다.
- 식이섬유가 유산균의 성장을 도와 장 환경을 개선하고 변비를 예방한다.

조리·섭취 방법
- 비타민 C를 함유한 안토시아닌 식품(비트, 베리류)과 함께 먹으면 맛과 영양의 시너지 효과를 얻을 수 있다.

28 적양배추

헬시에이징 효능
- 녹색 양배추보다 식이섬유를 더 많이 함유하고 있어 변비와 대장 질환을 예방한다.
- 피토케미컬인 안토시아닌(anthocyanin)이 기억력을 개선하고 뇌 기능을 향상시켜 치매를 예방한다.
- 이소티오시아네이트(isothiocyanate)가 함유된 대표 채소로 장내 유해균을 없애고 발암 물질을 제거한다.

조리·섭취 방법
- 안토시아닌은 열에 약하므로 생으로 먹거나 조리시 가열 시간을 짧게 한다.

29 케일

헬시에이징 효능
- 피토케미컬인 베타카로틴(beta carotene)이 활성산소로 인한 세포 손상을 막아 노화를 지연시키고 당뇨병을 예방한다.
- 루테인(lutein)이 눈의 피로와 시력을 개선하고 백내장, 황반변성과 같은 눈 질환을 예방한다.
- 이소티오시아네이트(isothiocyanate)가 살균 작용을 하고, 발암 물질을 제거한다.

조리·섭취 방법
- 베타카로틴과 루테인은 지용성 물질로 기름과 함께 섭취하면 체내 흡수가 좋아진다. 샐러드로 먹을 때는 오일 드레싱이나 견과류를 곁들이는 것이 좋다.

30 토마토

헬시에이징 효능
- 피토케미컬인 라이코펜(lycopene)이 강력한 항산화 작용을 하여 암을 예방한다. 또한 전립선, 위장 질환, 심장병 등 만성 질환에 걸릴 위험을 낮춰준다.
- 칼륨이 체내 나트륨 배출을 촉진한다.
- 루틴(rutin)이 혈압을 떨어뜨려 동맥경화와 고혈압을 예방하고 증상을 개선한다.
- 식이섬유가 장운동을 도와 변비를 개선하고, 혈중 콜레스테롤과 혈당 수치를 낮춰 고혈압과 심혈관계질환을 예방한다.

조리·섭취 방법
- 익혀 먹거나 베타카로틴이 함유된 식품(파프리카, 케일)과 함께 먹으면 라이코펜의 체내 흡수가 좋아진다.
- 후숙 과일이므로 서늘한 곳에서 보관해 빨갛게 익힌 후 먹는다.

31 파프리카

헬시에이징 효능
- 다양한 피토케미컬을 함유하고 있어 항산화 효과가 뛰어나다.
- 피토케미컬인 제아잔틴(zeaxanthin)이 시력을 유지하고 눈의 황반변성을 억제해 눈을 건강하게 유지한다.
- 비타민 C가 체내 독성 물질을 제거하고 면역력을 강화하며, 피부 노화를 예방한다.

조리·섭취 방법
- 베타카로틴과 제아잔틴은 지용성 물질로 기름과 함께 섭취하면 체내 흡수가 좋아진다. 샐러드로 먹을 때는 오일 드레싱이나 견과류를 곁들이는 것이 좋다.

32 표고버섯

헬시에이징 효능
- 표고버섯 특유의 성분인 에리타데닌(eritadenine)이 좋은 콜레스테롤인 HDL 수치를 높이고 나쁜 콜레스테롤인 LDL 수치를 낮춰 심혈관계질환을 예방하고 증상을 개선한다.
- 레티난(lentinan)이 면역 기능을 향상시키고 암세포 증식을 억제한다.

조리·섭취 방법
- 에리타데닌은 수용성 물질로 물에 녹아 나오므로 국물 요리에 사용하면 영양 섭취를 높일 수 있다.

33 대추

헬시에이징 효능
- 피토케미컬인 베타카로틴(beta carotene)이 활성산소로 인한 세포 손상을 막아 노화를 지연시킨다.
- 비타민 C가 철분 흡수를 도와 빈혈을 개선하고, 피부 노화를 예방한다.
- 식이섬유가 장운동을 도와 변비를 개선하고, 혈중 콜레스테롤과 혈당 수치를 낮춰 만성 질환을 예방한다.

조리·섭취 방법
- 생대추는 늦가을에만 나오므로 주로 말린 대추를 사용한다. 말린 대추는 단맛이 응축돼 있어 국물, 스무디, 샐러드 등에 활용해 단맛을 더하기 좋다.
- 당분 함량이 높으므로 체중 조절 시 섭취량을 조절한다.

34 블루베리

헬시에이징 효능
- 피토케미컬인 안토시아닌(anthocyanin)이 뇌 기능을 향상시켜 치매를 예방하고 시력을 개선한다.
- 항산화 물질인 레스베라트롤(resveratrol)이 혈전 형성을 억제하고 뇌졸중을 예방한다.
- 비타민 C가 체내 독성 물질을 제거하고 면역력을 강화하며, 피부 노화를 예방한다.

조리·섭취 방법
- 천연 에스트로겐이라 불리는 엘라그산(ellagic acid)이 풍부한 딸기와 함께 먹으면 맛과 영양의 시너지 효과를 얻을 수 있다.
- 안토시아닌은 열에 약하므로 가능한 생으로 섭취하는 것이 좋다.

35 사과

헬시에이징 효능
- 피토케미컬인 케르세틴(quercetin)이 항산화·항균 작용을 하여 혈관과 뇌를 건강하게 하고 노화를 예방한다. 또한 알레르기 반응과 염증 발생을 억제하고 피부암을 예방한다.
- 피토케미컬인 베타카로틴(beta carotene)이 활성산소로 인한 세포 손상을 막아 노화를 지연시킨다.
- 사과산이 풍부해 거칠어진 피부를 정돈하고 신체 피로감을 줄인다.
- 펙틴(pectin)이 변비를 개선하고 체내 콜레스테롤을 배출한다.

조리·섭취 방법
- 껍질에 펙틴과 케르세틴 함량이 많으므로 깨끗이 씻어 껍질째 먹는 것이 좋다.

36 아보카도

헬시에이징 효능
- 불포화지방이 혈중 중성지방을 낮추고 혈액순환을 개선한다.
- 루테인(lutein)이 눈의 피로와 시력을 개선하고 백내장, 황반변성과 같은 눈 질환을 예방한다.
- 비타민 E가 활성산소로부터 세포를 보호하고 노화를 지연시킨다.
- 폴리페놀(polyphenol)이 항염·항암·항바이러스 작용을 하여 면역력을 강화한다.

조리·섭취 방법
- 샐러드, 스무디로 활용한다.
- 색이 쉽게 변하므로 껍질을 벗긴 후 가능한 바로 먹는 것이 좋다.
- 남은 아보카도는 레몬즙을 뿌린 후 랩에 씌워 보관하면 갈변을 막을 수 있다.

37 자몽

헬시에이징 효능
- 비타민 C가 체내 독성 물질을 제거하고 면역력을 강화하며, 피부 노화를 예방한다.
- 피토케미컬인 라이코펜(lycopene)이 항산화 작용을 하여 암을 예방한다. 또한 전립선, 위장 질환, 심장병 등의 질환에 걸릴 위험을 낮춘다.
- 헤스페리딘(hesperidin)이 모세혈관을 강화하고 혈중 지질과 LDL 콜레스테롤 수치를 낮춰 동맥경화를 예방한다.

조리·섭취 방법
- 베타카로틴(케일, 키위)을 함유한 식품과 함께 먹으면 라이코펜의 체내 흡수가 좋아진다.
- 특유의 쓴맛은 하얀 속껍질에서 나므로 과육만 분리해서 먹으면 더 맛있게 즐길 수 있다.

38 키위

헬시에이징 효능
- 식이섬유가 장운동을 도와 변비를 개선하고, 혈중 콜레스테롤과 혈당 수치를 낮춰 만성 질환을 예방한다.
- 비타민 C가 체내 독성 물질을 제거하고 면역력을 강화하며, 피부 노화를 예방한다.
- 피토케미컬인 베타카로틴(beta carotene)이 활성산소로 인한 세포 손상을 막아 노화를 지연시킨다.
- 루테인(lutein)이 눈의 피로와 시력을 개선하고 백내장, 황반변성과 같은 눈 질환을 예방한다.

조리·섭취 방법
- 골드키위가 그린키위보다 단맛이 강하며 비타민 C 함량도 더 많다.
- 아침 공복에 먹으면 속이 쓰릴 수 있으므로 다른 식품과 함께 섭취하는 것이 좋다.

39 고등어

헬시에이징 효능
- 오메가3 지방산인 EPA와 DHA가 혈중 중성지방을 낮추고 혈전 형성을 줄여 심혈관계질환, 치매, 동맥경화, 암을 예방한다.
- 타우린(taurine)이 혈압 조절에 도움을 주어 고혈압을 예방하고 증상을 개선한다. 또한 간세포 재생을 도와 간 기능을 강화한다.

조리·섭취 방법
- 오래 가열하면 오메가3 지방이 산화될 뿐 아니라 벤조피렌(benzopyrene)과 같은 발암 물질이 발생하므로 조리시 주의한다.
- 다른 생선보다 부패가 빠르며 부패하기 시작하면 히스타민(histamine)이라는 유해 성분이 생성되어 두드러기, 복통, 구토 등 알레르기 증상을 유발할 수 있으므로 신선한 것을 섭취한다.

40 꼬시래기

헬시에이징 효능
- 칼슘이 골밀도 저하를 예방하여 뼈와 치아 손상을 방지한다.
- 식이섬유의 일종인 알긴산(alginic acid)이 체내 중금속과 노폐물 배출을 촉진해 혈관을 깨끗하게 유지하고 고혈압, 고지혈증, 당뇨병과 같은 성인병을 예방한다.

조리·섭취 방법
- 칼륨이 풍부해 나트륨 함량이 많은 음식과 함께 먹으면 나트륨 배출에 도움이 된다.
- 요오드 함량이 많으므로 갑상선 치료 중이거나 장이 약해 설사를 자주 할 경우 섭취를 주의한다.

41 굴

헬시에이징 효능
- '바다의 우유'라고 불릴 정도로 단백질이 풍부해 근육 형성에 도움이 된다.
- 아연이 기력을 보충하고 남성 호르몬 분비를 촉진해 남성의 갱년기 증상을 예방한다.
- 칼슘과 철분이 골다공증과 빈혈을 예방한다.

조리·섭취 방법
- 레몬즙을 곁들이면 레몬의 비타민 C가 철분의 체내 흡수를 돕는다.
- 12월~2월이 제철로 가장 맛이 좋으며, 5월~8월은 산란기로 맛이 쓰고 식중독균이 증식할 위험이 있다.
- 쉽게 상하므로 구입 후 바로 먹지 않을 때는 씻지 않은 상태로 보관하는 것이 좋으며, 씻으면 바로 먹는다.

42 김

헬시에이징 효능
- 칼슘이 골밀도 저하를 예방하여 뼈와 치아 손상을 방지한다.
- 칼륨이 체내 나트륨 배설을 촉진한다.
- 항궤양성 물질인 비타민 U가 위점막을 강화하고 궤양으로 손상된 부위를 회복시켜 위궤양 증상을 개선한다.
- 피토케미컬인 베타카로틴(beta carotene)이 활성산소로 인한 세포 손상을 막아 노화를 지연시킨다.
- 식이섬유가 장운동을 도와 변비를 개선하고, 혈중 콜레스테롤과 혈당 수치를 낮춰 만성 질환을 예방한다.

조리·섭취 방법
- 조미김은 산패되고 눅눅해지기 쉬우므로 밀폐용기나 지퍼백에 넣어 냉동 보관하며, 가능한 빨리 먹는다.

43 다시마

헬시에이징 효능
- 저열량, 고칼슘, 고칼륨 식품이다.
- 식이섬유의 일종인 알긴산(alginic acid)이 체내 중금속과 노폐물 배출을 촉진해 혈관을 깨끗하게 유지하고 고혈압, 고지혈증, 당뇨병과 같은 성인병을 예방한다.
- 요오드가 체내 방사성 노폐물을 배출하고 방사능으로부터 신체를 보호한다.

조리·섭취 방법
- 염장된 다시마는 반드시 물에 담가 소금기를 충분히 제거한 후 사용한다.
- 말린 다시마는 국물의 깊은 맛을 내는 용도로 사용하고, 생다시마는 쌈이나 무침 반찬으로 먹는다.

44 멸치

헬시에이징 효능
- 칼슘이 골밀도 유지에 도움을 주고 골다공증을 예방한다.
- 필수아미노산이 풍부한 양질의 단백질 식품으로 연골과 근육을 강화한다.

조리·섭취 방법
- 비타민 D가 함유된 식품(느타리버섯, 표고버섯)과 함께 먹으면 칼슘의 체내 흡수가 좋아진다.

45 모시조개

헬시에이징 효능
- 타우린(taurine)이 혈압 조절에 도움을 주어 고혈압을 예방하고 증상을 개선한다. 또한 간세포 재생을 도와 간 기능을 강화한다.
- 아연이 기력을 보충하고 남성 호르몬 분비를 촉진해 남성의 갱년기 증상을 예방한다.

조리·섭취 방법
- 타우린은 살뿐만 아니라 껍데기에도 다량 함유돼 있으므로 껍데기째 끓여서 국물을 내면 영양 섭취에 효과적이다.
- 조개류는 자체 염도가 높은 편으로 충분히 해감한 후 요리에 사용하고, 간은 최소로 한다.

기타
- 구입 시 껍데기가 열려 있고 만졌을 때 움직임이 없으면 죽은 것이다.

46 미역

헬시에이징 효능
- 식이섬유가 장운동을 도와 변비를 개선하고, 혈중 콜레스테롤과 혈당 수치를 낮춰 만성 질환을 예방한다.
- 피토케미컬인 베타카로틴(beta carotene)이 활성산소로부터 세포 손상을 막아 노화를 지연시킨다.

조리·섭취 방법
- 비타민 D가 함유된 식품(느타리버섯, 표고버섯)과 함께 먹으면 칼슘의 체내 흡수율이 높아진다.
- 국물을 오래 끓일수록 감칠맛과 시원한 맛이 좋아진다.
- 염장된 미역은 반드시 물에 담가 소금기를 충분히 제거한 후 사용한다.

---

47 바지락

헬시에이징 효능
- 저열량, 저지방, 고단백 식품이다.
- 타우린(taurine)이 혈중 콜레스테롤 수치를 낮추고 혈전 생성을 억제해 고혈압, 동맥경화를 예방한다.
- 칼슘, 철분, 아연, 마그네슘과 같은 미네랄이 풍부해 피로 회복을 돕고 골다공증과 빈혈을 예방한다.
- 담즙 분비를 촉진하고 간 기능을 강화한다.

조리·섭취 방법
- 조개류는 자체 염도가 높은 편으로 충분히 해감한 후 요리에 사용하고, 간은 최소로 한다.
- 칼륨 함량이 높은 식품(토마토, 양송이버섯)과 함께 먹으면 나트륨 배출에 도움이 된다.

48 연어

헬시에이징 효능
- 오메가3 지방산이 혈중 중성지방을 낮추고 혈전 형성을 줄여 심혈관계질환과 동맥경화를 예방한다. 또한 뇌 활동을 도와 기억력을 향상시키고 뇌 질환을 예방한다.
- 칼슘이 골밀도 저하를 막아 골다공증과 골절을 예방한다.
- 눈 건강에 좋은 비타민 A, 신진대사를 돕는 비타민 B군, 항산화 효과가 있는 비타민 E 함량이 많다.

조리·섭취 방법
- 생연어는 구이나 찜으로, 훈제 연어는 샐러드나 덮밥으로 활용한다.

49 오징어

헬시에이징 효능
- 저열량, 저지방, 고단백 식품으로 근육 강화에 도움이 된다.
- 오메가3 지방산이 뇌 활동을 도와 기억력을 향상시키고 뇌 질환을 예방한다.
- 타우린(taurine)이 피로 회복을 돕고 혈압과 혈중 콜레스테롤 수치를 조절해 뇌졸중을 예방한다.

조리·섭취 방법
- 껍질이 벗겨진 것은 신선도가 떨어지므로 구입하지 않는다.
- 말린 오징어는 소화가 안될 수 있으므로 소화불량, 위궤양이 있는 경우 과하게 먹지 않는다.
- 센 불에 단시간 익혀야 질기지 않고 물이 나오지 않는다.

50 전복

헬시에이징 효능
- 셀레늄(selenium)이 활성산소를 제거해 노화 속도를 지연시키고 암, 동맥경화, 관절염, 당뇨병, 치매 등의 질병을 예방한다.
- 고단백 식품으로 노화로 인한 근육 소실을 막는다.
- 후코이단(fucoidan)은 백혈구의 식균 능력을 활성화해 면역력을 강화한다. 또한 시신경의 피로를 해소해 눈을 건강하게 유지한다.

조리·섭취 방법
- 셀레늄은 물에 녹아 나오므로 국물 요리로 섭취하는 것이 좋다.
- 전복 내장을 요리에 사용할 때는 반드시 살아있는 것을 구매해 신선한 내장만 사용한다.

51 황태

헬시에이징 효능
- 오메가3 지방산이 혈중 중성지방을 낮추고 혈전 형성을 줄여 심혈관계질환, 치매, 천식, 동맥경화, 암을 예방한다.
- 필수아미노산이 체내 신진대사를 원활하게 하고 피로 물질을 제거해 체력을 강화한다. 또한 이뇨 작용을 촉진해 노폐물을 배출한다.

조리·섭취 방법
- 아미노산이 감칠맛을 내므로 해장국과 같은 국물 요리에 사용하면 좋다.
- 물에 적셔서 구이, 무침, 볶음에 활용한다.

52 달걀

헬시에이징 효능
- 필수아미노산이 풍부한 양질의 단백질 식품이다.
- 비타민 A와 비타민 E가 안구 건조와 시력을 개선해 눈을 건강하게 유지한다.
- 레시틴(lecithin)이 혈중 콜레스테롤 수치를 낮추고 뇌 활동을 도와 기억력을 증진시키며, 치매를 예방한다.
- 철분이 빈혈을 예방하고 피로를 해소한다.

조리·섭취 방법
- 비타민 A는 지용성 물질로 기름과 함께 조리하면 영양을 더 흡수할 수 있다.
- 비타민 C가 풍부한 식품(브로콜리, 양파)과 함께 먹으면 철분의 체내 흡수가 좋아진다.

54 돼지고기 안심

헬시에이징 효능
- 필수아미노산이 풍부한 양질의 단백질 식품이다.
- 철분, 비타민 B_1, 비타민 B_{12}가 빈혈을 예방하고 피로 회복을 돕는다.

조리·섭취 방법
- 조리시 마늘, 양파, 생강 등을 사용하면 특유의 누린내를 제거하고 항산화 효과를 높일 수 있다.
- 식중독균과 기생충 감염을 막기 위해 충분히 익혀 먹는다.

53 닭가슴살

헬시에이징 효능
- 필수아미노산이 풍부한 양질의 단백질 식품으로 체중 조절 식단에 활용하기 좋다.
- 동물성 단백질 식품이지만 포화지방이 적어 심혈관계질환 유발 위험이 낮다.

조리·섭취 방법
- 식감이 퍽퍽하므로 수분이 많은 식품(토마토, 버섯, 양파)과 함께 조리하거나 농도가 묽은 드레싱(그릭 요구르트)을 곁들이면 촉촉하게 먹을 수 있다.

55 쇠간

헬시에이징 효능
- 철분, 엽산, 비타민 B_{12} 이 빈혈을 예방하고 뇌를 건강하게 유지한다.
- 동물성 식품에만 존재하는 레티놀(retinol) 함량이 많아 시력을 개선하고 피부 노화를 예방한다.

조리·섭취 방법
- 피막을 제거하고 우유나 레드와인에 담가두면 비린맛을 줄일 수 있다.
- 다양한 효소가 들어 있어 부패가 빠르므로 익혀 먹는 것이 좋고 생으로 먹지 않는다.

56 오리고기

헬시에이징 효능
- 불포화지방산을 함유하고 있어 지방이 체내에 과하게 축적되는 것을 막는다. 또한 심혈관계질환을 예방한다.
- 나이아신(niacin)과 셀레늄(selenium)이 풍부해 피로 회복에 효과적이며 각종 질병에 대한 면역력을 높인다.
- 철분과 비타민 B군이 빈혈을 예방하고 증상을 개선한다.

조리·섭취 방법
- 끓는 물에 데쳐 기름기를 제거하면 담백하게 먹을 수 있다.
- 냉동 제품은 냉장실에서 3~4시간 해동 후 조리해야 육즙의 손실이 적다.

57 당귀잎

헬시에이징 효능
- 혈액순환을 좋게 하는 활혈작용(活血作用)과 맑은 피를 생성하는 보혈작용을 촉진해 빈혈을 예방하고 혈관을 건강하게 유지한다.
- 피토케미컬인 베타카로틴(beta carotene)이 활성산소로 인한 세포 손상을 막아 노화를 지연시킨다.

조리·섭취 방법
- 특유의 풍미가 강해 기름기가 많은 음식에 곁들이면 깔끔한 맛을 더할 수 있다.

58 딜

헬시에이징 효능
- 과거 유럽에서 진정제로 사용한 허브. 로즈메리산(rosmarinic acid)를 함유하고 있어 마음을 가라앉히고 신경을 완화한다.
- 소화를 촉진하고 구취를 제거하는 효과가 있다.

조리·섭취 방법
- 잎을 잘게 뜯어 요구르트와 함께 샐러드 드레싱으로 만들거나 연어 요리에 사용하면 풍미를 더할 수 있다.

59 로즈메리

헬시에이징 효능
- 향기 물질인 리모넨(limonene)이 신경을 안정시켜 불안과 스트레스를 해소하고 염증을 억제하며, 피부 질환을 예방한다.
- 노화 속도를 늦추고 퇴행성 질환을 예방하는 아로마테라피 효과가 있다.
- 살균 작용으로 바이러스와 세균 감염을 막는다.

조리·섭취 방법
- 식사를 할 때 물에 띄워서 마시면 식욕을 자극하고 소화와 영양 흡수를 돕는다.
- 따뜻한 차나 수프에 넣어 먹으면 편두통 완화에 효과적이다.

61 수삼

헬시에이징 효능
- 따뜻한 성질의 약재로 피로감을 없애고, 식욕을 돋워 원기를 회복할 수 있다.
- 피토케미컬인 사포닌(saponin)이 혈당과 콜레스테롤 수치를 낮추고 면역 기능을 향상시켜 암을 예방한다.

조리·섭취 방법
- 꿀과 함께 절여 차로 마신다.
- 궁합이 잘 맞는다고 알려진 닭고기나 해삼과 함께 조리해도 좋다.
- 체열을 높이기 때문에 커피 등 카페인 음료나 혈압약과 함께 먹지 않는다.

60 명일엽

헬시에이징 효능
- 잎을 떼어내도 또 자라는 강인한 생명력을 가지고 있어 '신선초'라고도 불린다.
- 줄기를 자르면 배어 나오는 노란색 액체인 칼콘(chalcone)이 암 촉진 인자의 성장을 막아 암을 예방하고, 항균·항염·해독 작용을 한다.
- 비타민 A가 안구 건조와 시력을 개선해 눈을 건강하게 유지한다.
- 노화된 세포에 활력을 주는 성분인 유기게르마늄(organic germanium)이 항암·조혈·항균 작용을 한다.
- 쓴맛을 내는 쿠마린(courmarin)이 혈액을 굳지 않게 도와준다.

조리·섭취 방법
- 샐러드 채소처럼 먹어도 좋다.

62 이탈리안 파슬리

헬시에이징 효능
- 아연이 식욕 저하를 막고 호르몬 합성을 돕는다.
  특히 남성 호르몬 분비를 촉진해
  남성의 갱년기 증상을 예방한다.
- 피토케미컬인 베타카로틴(beta carotene)이
  활성산소로 인한 세포 손상을 막아 노화를 지연시킨다.
- 철분과 엽산이 빈혈을 예방하고 뇌를 건강하게 유지한다.
- 칼슘이 골밀도 저하를 예방하여 뼈와 치아 손상을 방지한다.

조리·섭취 방법
- 끓는 물에 이탈리안 파슬리를 넣고 우려내
  식후에 마시면 소화에 도움이 된다.
- 고기 요리에 사용하면 잡내를 제거할 수 있고,
  샐러드에 곁들이면 풍미가 좋아진다.

63 브라질넛츠

헬시에이징 효능
- 셀레늄(selenium)이 활성산소를 제거해 노화 속도를 지연시키고 암, 동맥경화, 관절염, 당뇨병, 치매 등의 질병을 예방한다.
- 오메가3 지방산이 혈중 중성지방을 낮추고 혈전 형성을 줄여 심혈관계질환, 치매, 천식, 동맥경화, 암을 예방한다. 또한 뇌 활동을 도와 기억력을 향상시키고 뇌 질환을 예방한다.
- 식이섬유가 장운동을 도와 변비를 개선한다.

조리·섭취 방법
- 지방 함량이 많으므로 하루 4~5알 정도 먹는 것이 적당하다.

64 카카오닙스

헬시에이징 효능
- 다크 초콜릿의 주원료인 카카오 열매의 씨앗을 발효 건조시킨 것으로 세계 3대 항산화 식품으로 꼽힌다.
- 떫은맛을 내는 카테킨(catechin)이 녹차의 60배 이상 함유돼 있어 항산화 효과가 뛰어나며, 체지방을 분해하고 콜레스테롤을 배출하는 효과가 있다.

조리·섭취 방법
- 바삭한 식감을 가지고 있어 샐러드나 요구르트의 토핑으로 이용하거나 스무디에 넣어 갈아 마신다.
- 카페인이 함유돼 있기 때문에 과다 섭취 시 각성 효과로 두근거림과 불면 증세가 나타날 수 있으니 주의한다.

65 피스타치오

헬시에이징 효능
- 루테인(lutein)이 황반색소밀도를 유지시켜 눈을 건강하게 하고, 제아잔틴(zeaxanthin)이 눈의 노화를 방지한다.
- 견과류 중 심장병을 예방하고 암 발생을 억제하는 피토스테롤(phytosterol) 함량이 가장 높다.
- 셀레늄(selenium)이 활성산소를 제거해 노화 속도를 지연시키고 암, 동맥경화, 관절염, 당뇨병, 치매 등의 질병을 예방한다.

조리·섭취 방법
- 셀레늄은 열에 파괴되기 쉬우므로 약한 불에서 단시간에 볶는다.

66 해바라기씨

헬시에이징 효능
- 리그난(lignan)이 에스트로겐 기능을 조절해 노화로 인한 여성 질환을 예방한다.
- 비타민 B_1이 에너지 대사를 조절하고 뇌신경 기능을 유지한다.
- 오메가3 지방산이 혈중 중성지방을 낮춰 심혈관계질환, 동맥경화를 예방한다.
- 또한 뇌 활동을 도와 기억력을 향상시켜 치매와 뇌 질환을 예방한다.
- 칼슘, 철분, 아연, 마그네슘과 같은 미네랄이 풍부해 피로 회복을 돕고 골다공증과 빈혈을 예방한다.
- 리놀레산, 올레산과 같은 불포화지방산이 함유돼 있어 혈중 콜레스테롤 수치를 조절한다.

조리·섭취 방법
- 지방 함량이 높으므로 과량 섭취하지 않으며, 하루 1큰술(15g) 정도 먹는 것이 적당하다.

67 호두

헬시에이징 효능
- 단일불포화지방산과 마그네슘이 풍부해 심장병 예방에 도움이 된다.
- 오메가3 지방산이 연어보다 3배 많이 함유돼 있어 혈중 콜레스테롤 수치를 낮추는데 효과적이다.

조리·섭취 방법
- 고칼로리이므로 하루 5~6알 정도 먹는 것이 적당하다.

68 강황(가루)

헬시에이징 효능
- 피토케미컬인 커큐민(curcumin)이 뇌세포를 죽이는 독성 물질인 베타아밀로이드(beta amyloid)가 뇌에 쌓이는 것을 막고 치매를 예방한다.
- 지방 분해를 돕는 담즙의 분비를 촉진해 혈관 속 나쁜 콜레스테롤인 LDL 수치를 낮추고, 지방 세포 증식을 막는다.
- 염증을 일으키는 히스타민(histamine)의 생성을 감소시키고, 염증으로 인한 부기를 완화한다.
- 따뜻한 성질이 어혈을 제거하고 자궁의 수축 운동을 원활하게 한다. 또한 불규칙한 생리 주기를 정상화시켜 생리 불순이 완화되도록 돕는다.

조리·섭취 방법
- 커큐민은 지용성 물질로 기름에 잘 녹아 나오므로 유제품, 오일, 견과류 등과 함께 섭취하면 체내 흡수가 좋아진다.
- 후추와 함께 먹으면 후추의 매운맛 성분인 피페린(piperine)이 커큐민의 체내 흡수를 돕고 맛을 보완한다.

69 그릭 요구르트

헬시에이징 효능
- 우유를 농축한 후 젖산균을 투입해 발효한 것으로 질감이 단단하다. 농축된 만큼 단백질과 칼슘 함유량이 높다.
- 유산균이 장내 유해균이 자라지 못하도록 장 환경을 조성한다.

조리·섭취 방법
- 위산 농도가 높은 아침 식전보다 식후에 먹거나 물을 먼저 마신 후 섭취한다.
- 유산균에 의해 유당이 분해 되어 우유보다 유당 함량이 낮으므로 유당불내증이 있는 사람도 섭취할 수 있다.

70 들깨(가루, 기름)

헬시에이징 효능
- 오메가3 지방산이 암세포 증식을 억제해 유방암과 대장암 발생을 억제하고, 뇌를 활성화시켜 치매를 예방한다. 또한 피를 맑게 하고, 혈관을 튼튼하게 한다.
- 루테올린(luteolin)이 항바이러스 작용을 하며, 멜라닌 색소 활성을 억제해 피부 미용에 도움을 준다.
- 칼슘이 골밀도 저하를 예방하며 뼈와 치아 손상을 방지한다.

조리·섭취 방법
- 비타민 D가 함유된 식품(느타리버섯, 표고버섯)과 함께 먹으면 칼슘의 체내 흡수가 좋아진다.
- 들기름은 불포화지방산 함량이 많아 산소와 접촉하면 쉽게 산패되므로 냉장 보관한다.
- 들깨를 가열할 때는 적정 온도를 유지하여 연기(발암 물질인 벤조피렌)가 발생하지 않도록 주의한다.

허니머스타드

홀그레인 머스타드

71 머스터드

헬시에이징 효능
- 피토케미컬인 커큐민(curcumin)이 뇌세포를 죽이는 독성 물질인 베타아밀로이드(beta amyloid)가 뇌에 쌓이는 것을 막고 치매를 예방한다.
- 시니그린(sinigrin)이 암세포의 증식을 막아 암을 예방한다. 또한 강력한 살균 작용과 항산화 작용으로 활성산소를 제거해 노화를 방지한다.

조리·섭취 방법
- 고기를 재울 때 사용하면 잡내를 잡기 좋다. 단, 타기 쉬우므로 약한 불에서 익힌다.
- 허니머스타드는 부드러운 크림 형태로 겨자 특유의 톡 쏘는 맛이 나면서 달콤하다. 샐러드 드레싱이나 샌드위치 스프레드로 활용하기 좋다.
- 홀그레인 머스타드는 겨자씨를 부숴 식초와 향신료를 첨가해 만든 것이다. 알갱이가 톡톡 씹히는 식감이 특징으로 육류 요리와 잘 어울린다.

72 발사믹식초

헬시에이징 효능
- 포도를 숙성시킨 식초로 포도 속 비타민, 무기질, 피토케미컬을 함유하고 있어 항산화 효과가 있다.
- 피토케미컬인 캠퍼롤(kaempferol)이 혈소판 응집을 억제하고 동맥경화를 예방한다.
- 유기산이 체내 독소와 피로 물질을 제거한다.

조리·섭취 방법
- 올리브오일과 섞어 먹으면 맛과 향이 잘 어울리고 항산화 물질도 더 효과적으로 섭취할 수 있다.

part 3

레시피편

- 요리 기본 가이드
- 식재료 손질법
- 식재료 보관법
- 헬시에이징 요리 103가지

요리 기본 가이드

이 책의 레시피는 계량도구와 불 세기 조절법을 기준으로 개발했습니다.
아래의 요리 기본 가이드를 준수하면 언제 어디서 요리해도 똑같은 맛을 낼 수 있습니다.

계량하기

계량도구에는 가장 흔히 사용하는 계량스푼과 계량컵이 있습니다.
계량스푼 대신 밥숟가락, 계량컵 대신 종이컵을 활용해도 좋습니다.
단, 조금씩 차이가 있으므로 요리 전에 미리 확인하세요.

- **계량스푼 사용법** • 1큰술(15㎖) = 3작은술 = 밥숟가락 1과 1/2 • 1작은술(5㎖) = 밥 숟가락 1/2

   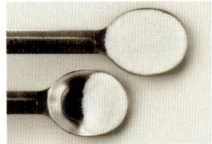

| 1큰술(액체류) 가득 담기 | 1큰술(가루류&장류) 가득 담아 윗면 깎기 | 1/2큰술(액체류) 가운데 선까지 담기 | 1과 1/2큰술(가루류) = 1큰술 + 1/2큰술 |

- **계량컵 사용법** • 1컵(200㎖) = 종이컵 1컵

| 1컵(액체류) 가득 담기 | 1컵(가루류) 가득 담아 윗면 깎기 | 1컵(장류) 꾹꾹 담아 윗면 깎기 | 1컵(알갱이류) 가득 담아 윗면 깎기 |

불 세기 조절하기

가스레인지의 불꽃과 냄비(팬) 바닥 사이의 간격으로 불 세기를 조절하세요.

불꽃과 냄비의 간격이 중요해요!

- **센 불** 불꽃이 냄비 바닥까지 충분히 닿는 정도
- **중간 불** 불꽃과 냄비 바닥 사이에 0.5cm 가량의 틈이 있는 정도
- **중약 불** 약한 불과 중간 불의 사이
- **약한 불** 불꽃과 냄비 바닥 사이에 1cm 가량의 틈이 있는 정도

손 대중량

전자저울이 없어도 손으로 재료를 계량할 수 있습니다.

소금 약간

후춧가루 약간
(가볍게 2회 정도 턴 분량)

부추 1줌(50g)

케일 1장
(손바닥 크기, 5g)

미나리 1줌(70g)

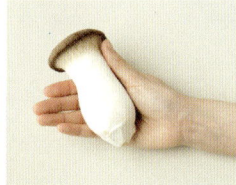
새송이버섯 1개(80g)

브로콜리 1개(300g)

어린잎 채소 1줌(20g)

양배추 1장
(손바닥 크기, 30g)

알배기배추 1장
(손바닥 크기, 30g)

마른 미역 1줌(5g)

메밀면 1줌(50g)

잔멸치 1컵(50g)

실곤약 1컵(120g)

배추김치 1컵(150g)

황태채 1컵(20g)

식재료 손질법

식재료를 제대로 손질할 줄 알아야 요리를 실패하지 않습니다.
조금 낯선 식재료도 손질 방법을 찬찬히 따라 하다보면 금방 익숙해질 겁니다.

귀리·카무트·현미 삶기

잠길 만큼의 물에 담가
30분간 불린 후
끓는 물에 25분간 삶는다.

병아리콩 삶기

불리기 전   삶은 후

잠길 만큼의 물에 담가 6시간
불린 후 끓는 물에 20분간 삶는다.
★ 병아리콩은 불리면
무게가 2배로 늘어난다.
★ 삶은 병아리콩은 동량의
통조림 병아리콩으로 대체 가능

삶은 시래기

맑은 물이 나올 때까지 2~3번
주물러 씻어 물기를 짠 후
줄기의 섬유질을 제거한다.

tip — **말린 시래기 사용하기**
물에 담가 1일간 불린다.
냄비에 시래기, 잠길 만큼의
물을 붓고 뚜껑을 덮어
중간 불에서 1시간 삶은 후
줄기의 섬유질을 제거한다.
★ 말린 시래기는 불리면
무게가 5배로 늘어난다.

아스파라거스

밑동 1cm 정도를 제거한 후
필러로 두꺼운 섬유질을 벗긴다.

도라지

조리용 솔로 문질러 씻은 후
칼로 돌려가며 껍질을 벗긴다.

아보카도	오징어	전복
	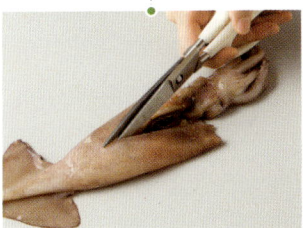	
1 칼이 씨에 닿도록 깊숙이 꽂은 후 360° 돌려가며 칼집을 낸다.	1 몸통은 가위로 반을 자른다.	1 조리용 솔로 문질러 씻는다.

2 비틀어서 두 쪽으로 나눈다.	2 손으로 내장이 붙은 다리를 잡아당겨 떼어낸다.	2 살과 껍데기 사이에 숟가락을 넣어 힘주어 분리한다.

3 씨에 칼날을 꽂아 고정시킨 후 비틀어서 뺀다.	3 다리에 붙은 내장을 가위로 자른다.	3 가위로 전복 살에 붙은 내장을 잘라낸다.

4 손으로 껍질을 제거한다.	4 몸통에 붙은 뼈, 다리에 붙은 눈, 입을 제거한다.	4 전복 입을 자른 후 손으로 꼭 눌러 이빨을 제거한다.

식재료 보관법

식재료는 어떻게 보관하느냐에 따라 음식의 맛이 달라집니다.
식재료의 특성과 유통기한을 고려해 적합한 방법으로 보관하세요.

실온 보관 (통풍이 잘 되는 서늘한 곳)

그대로 실온
- 강황가루 유통기한까지
- 귀리 3개월
- 마늘(껍질 있는 상태) 7일
- 마른 미역 유통기한까지
- 말린 시래기 6개월
- 메밀면 유통기한까지
- 병아리콩 3개월
- 아보카도(덜 익은 것) 3일
- 양파(껍질 있는 상태) 15일
- 카무트 3개월
- 퀴노아 3개월
- 현미 3개월
- 황태 6개월

키친타월로 감싼 후 실온
- 고구마 7일
- ★ 습기가 생기는 식재료는 키친타월로 감싸 보관하면 신선도를 더 잘 유지할 수 있다.

냉동 보관

그대로 냉동
- 낫토 30일
- 들깨 유통기한까지
- 들깻가루 3개월
- 말린 대추 6개월
- 멸치 유통기한까지
- 브라질넛츠 3개월
- 카카오닙스 3개월
- 피스타치오 3개월
- 해바라기씨 3개월
- 호두 3개월

익힌 후
지퍼백에 넣어 냉동
- 모시조개 30일
- 바지락 30일

지퍼백에 넣어 냉동
- 건다시마 6개월
- 고등어 30일
- 굴 30일
- 김 유통기한까지
- 껍질콩 30일
- 꼬시래기 30일
- 다진 생강 3개월
- 닭가슴살 30일
- 돼지고기 안심 30일
- 블루베리 3개월
- 삶은 시래기 2개월
- 연어 30일
- 오리고기 30일
- 오징어 30일
- 전복 30일

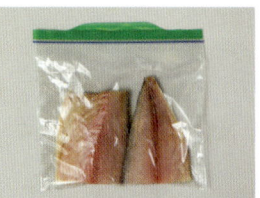

냉장 보관

그대로 냉장
- 그릭 요구르트 유통기한까지
- 달걀 유통기한까지
- 들기름 유통기한까지
- 머스터드 유통기한까지
- 발사믹식초 유통기한까지
- 사과 7일
- 자몽 7일
- 키위 7일
- 토마토 7일

**물과 함께
밀폐용기에 담아 냉장**
- 두부 유통기한까지
- 생다시마 4일

랩으로 감싸 냉장
- 당근 7일
- 무 7일
- 브로콜리 7일
- 비트 14일
- 아보카도(익은 것) 2일
- 양파 7일
- 양배추 14일
- 우엉 7일
- 파프리카 7일

**키친타월로 감싼 후
지퍼백에 넣어 냉장**
- 느타리버섯 7일
- 당귀잎 14일
- 도라지 7일
- 딜 7일
- 로즈메리 7일
- 마늘 7일
- 명일엽 14일
- 부추 7일
- 새송이버섯 7일
- 생강 7일
- 수삼 7일
- 아스파라거스 7일
- 알파파싹 7일
- 양송이버섯 7일
- 이탈리안 파슬리 7일
- 케일 7일
- 표고버섯 7일

밥·죽

카무트 귀리밥	
kcal	246
eGL	28
나트륨 (mg)	11

카무트 자색고구마밥	
kcal	268
eGL	33
나트륨 (mg)	21

퀴노아 병아리콩밥	
kcal	217
eGL	24
나트륨 (mg)	12

헬시에이징 기본 밥 3가지

매일 먹는 밥에 헬시에이징 식재료만
더해도 식탁이 건강해집니다.

카무트 귀리밥

퀴노아 자색고구마밥

퀴노아 병아리콩밥

 현미 귀리 카무트

카무트 귀리밥

⏱ 30~40분
(+ 곡물 불리기 6시간)
🍚 2인분

- 현미 3/4컵(120g)
- 귀리 1/4컵(40g)
- 카무트 1/4컵(40g)
- 물 1과 1/2컵(300㎖)

1 현미, 귀리, 카무트는 잠길 만큼의 물에 담가 6시간 불린 후 물기를 뺀다.

2 전기밥솥에 모든 재료를 넣고 취사 버튼을 누른다.

 현미 퀴노아  자색고구마

퀴노아 자색고구마밥

⏱ 30~40분
(+ 곡물 불리기 6시간)
🍚 2인분

- 현미 1/2컵(80g)
- 퀴노아 1/4컵(30g)
- 자색고구마 1/2개(또는 단호박, 1/8개, 당근 1/2개, 100g)
- 물 1과 1/4컵(250㎖)

1 현미는 잠길 만큼의 물에 담가 6시간 불린 후 물기를 뺀다.

2 자색고구마는 껍질을 벗긴 후 사방 1.5cm 크기로 썬다.

3 전기밥솥에 모든 재료를 넣고 취사 버튼을 누른다.

 현미 퀴노아 병아리콩

퀴노아 병아리콩밥

⏱ 30~40분
(+ 곡물 불리기 6시간)
🍚 2인분

- 현미 1/2컵(80g)
- 퀴노아 1/4컵(30g)
- 병아리콩 1/4컵
  (또는 흰강낭콩, 40g)
- 물 1과 1/2컵(300㎖)

1 현미, 병아리콩은 잠길 만큼의 물에 담가 6시간 불린 후 물기를 뺀다.

2 전기밥솥에 모든 재료를 넣고 취사 버튼을 누른다.

tip → 여름철 곡물 불리기
더운 여름에는 곡물을 상온에 두면 상하기 쉬우므로 냉장실에서 불린다.

밥·죽

kcal 343
eGL 34
나트륨(mg) 256

마늘 파슬리영양밥

향신 채소인 마늘과 허브로 맛과 풍미를 살렸습니다.
덕분에 불필요한 양념을 하지 않아도 돼 나트륨 섭취를 줄일 수 있지요.

헬시에이징 식재료  현미  마늘    이탈리안 파슬리

🕐 20~25분   🍚 2인분

- 현미밥 2공기(또는 잡곡밥, 300g)
- 마늘 10쪽(50g)
- 대파 30cm
- 블랙올리브 5개(15g)
- 이탈리안 파슬리 10g
  (또는 부추 1/3줌, 참나물 1/3줌)
- 올리브유 1과 1/2큰술
- 크러시드 페퍼 1/2작은술(생략 가능)
- 소금 약간
- 통후추 간 것 약간

1 마늘은 편 썬다.
  대파는 길이로 2등분한 후 송송 썬다.
  블랙올리브, 이탈리안 파슬리는 굵게 다진다.

2 달군 팬에 올리브유, 마늘, 대파, 블랙올리브,
  크러시드 페퍼를 넣고 가장 약한 불에서 5분간 볶는다.

3 현미밥을 넣고 중간 불에서 1분간 볶은 후 불을 끈다.
  이탈리안 파슬리, 소금, 통후추 간 것을 넣어
  가볍게 섞는다.

오징어 미역영양밥

매콤한 저염·저당 양념장에 비벼 한 그릇으로 즐겨보세요. 오징어의 쫄깃한 식감이 입에 착 감겨 따로 반찬을 곁들일 필요가 없습니다.

밥·죽

kcal	311
eGL	35
나트륨(mg)	492

헬시에이징 식재료 — 현미, 오징어, 미역

⏱ 25~35분 🍚 2인분

- 현미밥 2공기(또는 잡곡밥, 300g)
- 오징어 1/2마리
  (또는 생새우살 8마리, 120g)
- 마른 미역 1줌(5g)
- 참기름 1/2작은술
- 후춧가루 약간

양념장
- 다진 청양고추 1/2개
  (기호에 따라 가감)
- 식초 1작은술
- 양조간장 1작은술
- 고추장 2작은술
- 올리고당 1작은술

1. 마른 미역은 잠길 만큼의 물에 담가 10분간 불린다. 거품이 나오지 않을 때까지 주물러 씻은 후 물기를 짜고 1cm 길이로 썬다.
2. 볼에 양념장을 섞는다.
3. 오징어는 손질(89쪽)한다. 몸통은 길이로 4등분한 후 1cm 두께로 썰고, 다리는 2cm 길이로 썬다.
4. 내열용기에 현미밥을 담고 미역, 오징어, 참기름, 후춧가루를 넣는다. 뚜껑을 덮고 전자레인지에서 3~4분간 익힌다.
5. 그릇에 담아 양념장과 곁들인다.

tip — 팬으로 대체하기
끓는 물에 오징어는 1분, 미역은 10초간 각각 데친 후 헹궈 물기를 빼고 사용한다.

tip — 마른 미역을 다른 재료로 대체하기
꼬시래기 20g으로 대체해도 좋다.

밥·죽

kcal	330
eGL	34
나트륨(mg)	433

닭가슴살 토마토영양밥

5대 영양소를 한 그릇에 모두 담았습니다. 특히 식이섬유가 풍부해 장 건강과 면역력 향상에 좋습니다.

헬시에이징 식재료 — 현미  , 닭가슴살 , 방울토마토 , 케일 , 마늘

⏱ 15~20분   🥣 2인분

- 현미밥 2공기
  (또는 잡곡밥, 300g)
- 닭가슴살 1쪽
  (또는 통조림 닭가슴살 1캔, 100g)
- 방울토마토 7개
  (또는 토마토 2/3개, 105g)
- 쌈 케일 10장
  (또는 어린잎 채소 1줌, 50g)

밑간
- 다진 마늘 1/2작은술
- 소금 약간
- 후춧가루 약간

양념
- 통깨 간 것 1/2큰술
- 양조간장 1큰술
- 참기름 1작은술

1 닭가슴살은 사방 1cm 크기로 썰고, 방울토마토는 4등분한다. 쌈 케일은 길이로 2등분한 후 0.5cm 두께로 썬다.

2 볼에 닭가슴살, 방울토마토, 밑간을 넣고 버무린다. 다른 볼에 양념, 쌈 케일을 넣고 버무린다.

3 내열용기에 현미밥, ②의 닭가슴살, 방울토마토를 넣어 뚜껑을 덮고 전자레인지에서 5분간 익힌다.

4 그릇에 덜어 비빈 후 ②의 쌈 케일을 올려 비벼 먹는다.

tip → 팬으로 대체하기
달군 팬에 식용유 1작은술, ②의 밑간에 버무린 닭가슴살, 방울토마토를 넣고 중간 불에서 3분간 볶는다.

밥·죽

kcal 405
eGL 28
나트륨(mg) 332

시래기 돼지고기영양밥

시래기는 식이섬유가 풍부해 노폐물 배출과 장 건강에 도움을 주지요. 담백한 돼지고기 안심으로 단백질까지 더해 맛과 건강, 모두 챙길 수 있답니다.

헬시에이징 식재료  현미 시래기  돼지고기 안심 양파 들기름

⏱ 20~30분 🍚 2인분

- 현미밥 2공기
  (또는 잡곡밥, 300g)
- 삶은 시래기 150g
  (또는 데친 얼갈이배추)
- 돼지고기 안심 100g
  (또는 닭가슴살 1쪽)
- 양파 1/4개(50g)
- 대파 20cm

밑간
- 국간장 2작은술
- 들기름 2작은술
- 후춧가루 약간

1. 삶은 시래기는 잠길 만큼의 물에 담가 맑은 물이 나올 때까지 2~3번 주물러 씻어 물기를 짠 후 줄기의 섬유질을 제거한다.

2. 시래기는 1cm 길이로 썰고, 양파는 2등분한 후 0.5cm 두께로 썬다. 대파는 길이로 2등분한 후 송송 썬다. 돼지고기 안심은 키친타월로 핏물을 제거한 후 0.5cm 두께로 썬다.

3. 볼에 ②, 밑간을 넣고 버무린 후 현미밥과 섞는다.

tip  팬으로 대체하기
달군 팬에 들기름 1작은술, 밥을 제외한 모든 재료를 넣고 중간 불에 4분간 볶아 덮밥으로 즐긴다.

tip — 말린 시래기 사용하기
말린 시래기 30g을 물에 담가 1일간 불린다. 냄비에 시래기, 잠길 만큼의 물을 붓고 뚜껑을 덮어 중간 불에서 1시간 삶은 후 과정 ①을 진행한다.

4. 내열용기에 ③을 넣고 뚜껑을 덮어 전자레인지에서 5분간 익힌다.
★ 들기름, 김가루를 함께 비벼 먹어도 좋다.

밥·죽

kcal 274
eGL 11
나트륨(mg) 524

퀴노아 두부찜밥

퀴노아는 슈퍼곡물 중에서도 특히 식감이 부드럽고 위에 부담이 적습니다.
소화 기능이 약한 분들에게 추천합니다.

헬시에이징 식재료   퀴노아   두부  새송이버섯   달걀  당근

⏱ 20~25분   🍚 2인분

- 두부 큰 팩 1/3모
  (부침용, 100g)
- 새송이버섯 1개
  (또는 표고버섯 3개, 80g)
- 퀴노아 1/2컵(60g)
- 달걀 2개
- 당근 1/4개(50g)
- 대파 10cm
- 맛술 1큰술
- 양조간장 1큰술

- 소금 1/4작은술
- 참기름 1/2작은술
- 후춧가루 약간
- 물 1/2컵(또는
  저지방 우유, 100㎖)

1 냄비에 퀴노아, 물(2컵)을 담고 센 불에서
   끓어오르면 약한 불로 줄여 10분간 익힌 후
   체에 밭쳐 한 김 식힌다.

2 두부는 키친타월로 감싸 물기를 제거한 후
   사방 1cm 크기로 썬다. 새송이버섯,
   당근은 굵게 다지고, 대파는 송송 썬다.

3 내열용기에 모든 재료를 담아 섞은 후
   뚜껑을 덮어 전자레인지에서 5분간 익힌다.
   ★ 그릇의 크기에 따라 조리 시간을 가감한다.

tip — 찜기로 대체하기
과정 ②까지 진행한 후 모든 재료를 그릇에 담는다.
김이 오른 찜기에 넣어 중간 불에서 20분간 찐다.

오트밀 브로콜리죽

주로 우유에 불려 먹는 오트밀을 물에 뭉근히 끓여 죽으로 만들었습니다.
맛이 깔끔해 누구나 맛있게 먹을 수 있지요.

밥·죽

kcal 351
eGL 21
나트륨(mg) 283

 헬시에이징 식재료   오트밀 브로콜리   양파   호두

⏱ 20~25분 🍽 2인분

- 오트밀 1과 1/2컵(120g)
- 브로콜리 1/3개
  (또는 파프리카 1/4개,
  당근 1/2개, 100g)
- 양파 1/2개(100g)
- 다진 호두 2큰술(또는
  다른 다진 견과류, 20g)
- 식용유 1작은술
- 양조간장 1/2큰술
- 올리고당 1작은술
- 물 3컵(600㎖)
- 소금 1/4작은술
- 후춧가루 약간
- 참기름 약간

1 브로콜리는 사방 1cm 크기로 썰고,
   양파는 다진다.

2 달군 냄비에 식용유, 양파를 넣고
   중간 불에서 1분, 브로콜리를 넣고 1분,
   양조간장, 올리고당을 넣고 30초간 볶는다.
   다진 호두, 후춧가루를 넣고 덜어둔다.

3 냄비를 닦고 오트밀, 물, 소금을 넣어
   중간 불에서 저어가며 3분간 끓인다.
   참기름을 넣고 섞는다.

4 그릇에 모든 재료를 담는다.

밥·죽

kcal	335
eGL	28
나트륨(mg)	1624

퀴노아 황태 사골죽

황태를 넣어 깊고 구수한 맛을 낸 슈퍼곡물 죽입니다.
황태는 해독작용이 탁월해 과음한 다음날 먹으면 숙취 해소에 도움을 주지요.

헬시에이징 식재료  현미 퀴노아 황태 마늘

⏱ 30~40분 🍚 2인분

- 현미밥 1공기(또는 잡곡밥, 150g)
- 퀴노아 1/2컵(60g)
- 황태채 1/2컵(10g)
- 마늘 5쪽(25g)
- 쪽파 1줄기
  (또는 대파 10cm, 8g)
- 시판 사골국물 3과 1/2컵
  (무염, 700㎖)
- 참기름 1작은술
- 소금 1/2작은술
- 후춧가루 약간

밑간
- 양조간장 1작은술
- 참기름 1작은술
- 후춧가루 약간

1 황태채는 먹기 좋은 크기로 자른다. 찬물에 적셔 물기를 짠 후 밑간과 버무린다.

2 마늘은 편 썰고, 쪽파는 송송 썬다.

3 달군 냄비에 참기름, 마늘을 넣고 중간 불에서 30초, 현미밥, 황태채를 넣어 1분간 볶는다.

4 퀴노아, 사골국물을 넣어 중간 불에서 끓어오르면 약한 불로 줄여 15분간 저어가며 끓인다. 소금으로 부족한 간을 더한 후 후춧가루, 쪽파를 넣는다.

kcal	195
eGL	18
나트륨(mg)	560

병아리콩 귀리 타락죽

타락죽은 우유로 만든 죽으로 전통 보양식에 속하지요.
귀리를 넣어 식감을 더하고, 병아리콩으로 농도와 점성을 조절해
더욱 고소하게 개발했습니다. 맛과 영양 모두 보장합니다.

 병아리콩   귀리   양파

🕐 30~40분
  (+ 곡물 불리기 6시간)
🥣 1인분

- 병아리콩 1/2컵
  (또는 흰강낭콩, 80g)
- 귀리 1/4컵
  (또는 현미, 카무트, 퀴노아, 40g)
- 양파 1/2개(100g)
- 물 3컵(600㎖)
- 저지방 우유 1컵
  (또는 무가당 두유, 200㎖)
- 소금 1작은술

1 병아리콩, 귀리는 잠길 만큼의
  물에 담가 6시간 불린 후
  물기를 뺀다.

2 양파는 잘게 다진다.
  믹서에 병아리콩, 물을 넣고 간다.

3 냄비에 병아리콩 간 것,
  귀리, 양파, 소금을 넣고
  센 불에서 끓어오르면 약한 불로
  줄여 20분간 저어가며 끓인다.
  저지방 우유를 붓고
  5분간 더 끓인다.

반찬

표고버섯나물
kcal 115
eGL 3
나트륨(mg) 237

헬시에이징 양념으로 만든 기본 나물 3가지

헬시에이징 양념은 들기름으로 만들어 고소하고, 불포화지방산이 풍부합니다.
햄프시드를 넣어 식이섬유도 함유하고 있지요. 나물을 무칠 때 유용하게 사용하세요.

표고버섯나물

헬시에이징 양념

 헬시에이징 식재료 들기름

기본 헬시에이징 양념

⏱ 5분 🥣 2인분

- 햄프시드 1큰술(또는 통깨 1작은술)
- 다진 파 1큰술
- 들기름 1큰술
- 국간장 1작은술

1 모든 재료를 섞는다.

 표고버섯 들기름 헬시에이징 식재료

응용1 표고버섯나물

⏱ 15~25분 🥣 2인분

- 표고버섯 10개(250g)
- 소금 약간
- 물 1/4컵(50㎖)
- 헬시에이징 양념

1 표고버섯은 0.5cm 두께로 썬다. 달군 팬에 표고버섯, 소금을 넣고 중간 불에서 2분, 물을 넣고 1분간 볶는다. 불을 끄고 한 김 식힌다.

2 볼에 헬시에이징 양념을 섞은 후 표고버섯과 무친다.

tip → 버섯 사용하기
새송이버섯 2개(160g), 느타리버섯 3줌(150g)으로 대체해도 좋다.

헬시에이징 식재료 가지  들기름

응용2 가지나물

⏱ 15~25분 🥣 2인분

- 가지 1개(150g)
- 소금 약간
- 헬시에이징 양념(107쪽 참고)

1 가지는 4cm 길이로 썬 후 다시 길이로 6등분한다. 달군 팬에 가지, 소금을 넣고 중간 불에서 3분간 볶은 후 불을 끄고 한 김 식힌다.

2 볼에 헬시에이징 양념을 섞은 후 가지와 무친다.

헬시에이징 식재료  시래기 들기름

응용3 시래기나물

⏱ 15~25분 🥣 2인분

- 삶은 시래기 100g
  (또는 데친 얼갈이배추)
- 소금 약간
- 물 1/4컵(50㎖)
- 헬시에이징 양념(107쪽 참고)

1 삶은 시래기는 손질(88쪽)한 후 4cm 길이로 썬다. 달군 팬에 시래기, 소금을 넣고 중간 불에서 1분, 물을 넣고 2분간 볶은 후 불을 끄고 한 김 식힌다.

2 볼에 헬시에이징 양념을 섞은 후 시래기와 무친다.

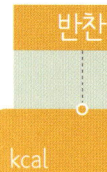

반찬

kcal 86
eGL 6
나트륨(mg) 112

토마토 껍질콩무침

마요네즈 사용을 줄이고 고소한 깨를 넣어 건강하게 만들었습니다.
산뜻한 반찬으로, 간단한 샐러드로 즐기기 좋지요.

헬시에이징 식재료 토마토　 껍질콩　 양파

🕐 15~25분　 🥣 2인분

- 토마토 1개
  (또는 방울토마토 10개, 150g)
- 껍질콩 10개
  (또는 아스파라거스 5줄기, 50g)
- 양파 1/8개(25g)

양념
- 통깨 간 것 1큰술
- 하프 마요네즈 1큰술
- 식초 1작은술
- 양조간장 1작은술
- 올리고당 1작은술
- 후춧가루 약간

1. 껍질콩 데칠 물(2컵) + 소금(1/2작은술)을 끓인다. 토마토는 한입 크기로 썬다.
2. 껍질콩은 2등분한다. 양파는 가늘게 채 썬 후 찬물에 10분간 담가 매운맛을 뺀다.
3. ①의 끓는 물에 껍질콩을 넣고 30초간 데친 후 헹궈 물기를 뺀다.
4. 양념을 섞은 후 모든 재료와 버무린다.

오징어 브로콜리무침

자극적인 시판 초고추장 대신 저염·저당 초고추장을 만들어 매콤하게 무쳤습니다.
무치지 않고 오징어 숙회처럼 초고추장에 찍어 먹어도 맛있습니다.

kcal	192
eGL	3
나트륨(mg)	393

헬시에이징 식재료  오징어   적양배추   브로콜리  당근   들기름

⏱ 30~35분   🥣 2인분

- 오징어 1마리(240g)
- 적양배추 2장
  (손바닥 크기,
  또는 양배추,
  쌈 케일 10장, 60g)
- 브로콜리 1/6개(50g)
- 당근 1/8개(25g)
- 햄프시드 1큰술
  (또는 통깨, 생략 가능)

초고추장
- 고춧가루 1큰술
- 식초 2작은술
- 생수 1작은술
- 양조간장 1작은술
- 들기름 1작은술
- 올리고당 2작은술
- 고추장 1작은술
- 후춧가루 약간

1 브로콜리와 오징어 데칠 물(4컵) + 소금(1작은술)을 끓인다. 브로콜리는 한입 크기로 썰고, 적양배추, 당근은 0.5cm 두께로 채 썬다.

2 오징어는 손질(89쪽)한다. 몸통은 길이로 3등분한 후 1cm 두께로 썰고, 다리는 5cm 길이로 썬다.

3 ①의 끓는 물에 브로콜리를 넣고 30초간 데친 후 헹궈 물기를 뺀다. 이때, 물은 계속 끓인다.

4 ③의 끓는 물에 청주(1큰술), 오징어를 넣고 1분간 데친 후 물기를 뺀다.

5 초고추장을 섞은 후 모든 재료를 넣어 무친다.

반찬	
kcal	67
eGL	3
나트륨(mg)	110

당근 호두마요무침

호두와 당근을 함께 먹으면 호두 속 불포화지방산이 당근에 함유된 지용성 영양소의 체내 흡수를 돕습니다.

헬시에이징 식재료  당근  케일   호두

⏱ 15~20분 🥣 2인분

- 당근 1/3개(또는 비트, 70g)
- 쌈 케일 5장(또는 쌈 채소, 25g)

호두마요 소스
- 다진 호두 1큰술
  (또는 다른 다진 견과류,
  햄프시드, 10g)
- 하프 마요네즈 1/2큰술
- 식초 1작은술
- 올리고당 1작은술
- 소금 약간
- 통후추 간 것 약간

1 당근은 가늘게 채 썰고,
  쌈 케일은 길이로 2등분한 후 0.5cm 두께로 썬다.

2 볼에 호두마요 소스를 섞은 후
  당근, 쌈 케일과 무친다.

연두부 낫토볼

낫토는 영양이 풍부하지만 특유의 냄새 때문에 친해지기 어렵지요.
이때, 소량의 땅콩 버터를 곁들이면 훨씬 먹기 수월해집니다.
연두부와 함께 든든하게 즐겨보세요.

반찬

kcal 162
eGL 3
나트륨(mg) 189

 헬시에이징 식재료    낫토    두부    파프리카

⏱ 10~15분 🍚 1인분

- 낫토 1팩(56g)
- 생식 두부 2팩(또는 연두부, 280g)
- 토핑용 채소(오이, 파프리카 등) 200g

양념
- 식초 1큰술
- 양조간장 1/2큰술
- 올리고당 1작은술
- 땅콩버터 1작은술
  (또는 다진 땅콩 1/2큰술)
- 후춧가루 약간

1 토핑용 채소는 사방 1cm 크기로 썬다.
2 볼에 낫토, 양념을 넣고 실이 생길 정도로 젓는다.
3 그릇에 모든 재료를 담는다.

반찬

kcal 103
eGL 3
나트륨(mg) 299

매콤 닭가슴살 브로콜리볶음

청양고추와 대파로 중국 사천요리 스타일의 칼칼한 풍미를 살렸습니다. 닭가슴살과 브로콜리를 큼직하게 썰어 더욱 먹음직스럽지요.

헬시에이징 식재료 닭가슴살 브로콜리 파프리카 마늘

⏱ 25~35분   🍚 2인분

- 닭가슴살 1쪽
  (또는 닭안심 4쪽, 100g)
- 브로콜리 1/5개(60g)
- 파프리카 1/4개(50g)
- ★ 채소는 동량 대체 가능
- 대파 20cm
- 청양고추 1/2개
- 마늘 1쪽(5g)
- 식용유 1작은술

밑간
- 청주 1작은술
- 소금 약간
- 후춧가루 약간

양념
- 물 5큰술
- 고춧가루 2작은술
- 양조간장 1작은술
- 고추장 1/2작은술
- 된장 1/2작은술
  (집 된장의 경우 1/3작은술)
- 올리고당 1작은술

tip → 덜 맵게 즐기기
양념의 양조간장은 1큰술, 올리고당은 1/2큰술로 늘리고 참기름 1작은술을 더한다. 재료의 청양고추는 생략한다.

1 닭가슴살은 반으로 저며 한입 크기로 썬 후 밑간과 버무려 10분간 재운다.

2 양념을 섞는다.

3 브로콜리, 파프리카는 한입 크기로 썬다.

4 대파와 청양고추는 송송 썰고, 마늘은 편 썬다.

5 달군 팬에 식용유, 대파, 청양고추, 마늘을 넣어 중간 불에서 30초, 닭가슴살을 넣고 2분간 볶는다.

6 브로콜리, 파프리카, 양념을 넣고 2분간 볶는다.

반찬

kcal 286
eGL 3
나트륨(mg) 262

향신 수육과 케일 파프리카겉절이

돼지고기를 대파와 함께 익혀 누린내가 나지 않습니다. 전자레인지를 사용해 간편하고요.
매콤하게 무친 케일 파프리카겉절이를 곁들이면 느끼함도 잡을 수 있답니다.

헬시에이징 식재료  돼지고기 안심  파프리카 케일  생강

⏱ 25~30분　🍽 2인분

- 돼지고기 안심 200g
 (또는 닭가슴살 2쪽)
- 파프리카 1/2개(100g)
- 쌈 케일 6장(또는 쌈 채소, 30g)
- 대파 20cm

밑간
- 청주 3큰술
- 다진 생강(또는 다진 마늘)
 1/2작은술
- 된장 1작은술
 (집 된장의 경우 2/3작은술)
- 소금 약간
- 후춧가루 약간

양념
- 고춧가루 2작은술
- 양조간장 1작은술
- 식초 1작은술
- 올리고당 1작은술
- 참기름 1작은술

1　파프리카는 0.5cm 두께로 썬다.
쌈 케일은 길이로 2등분한 후 1cm 두께로 썬다.

2　대파는 송송 썬다.
돼지고기 안심은 키친타월로 핏물을 제거한 후 0.7cm 두께로 썬다.

3　볼에 밑간, 돼지고기 안심을 넣고 버무린다.
다른 볼에 양념을 섞는다.

4　내열용기에 대파를 평평하게 깐다.

5　돼지고기 안심을 1장씩 올려 뚜껑을 덮고 전자레인지에서 4분~4분 30초간 익힌다.

6　③의 양념에 파프리카, 쌈 케일을 넣어 무친 후 수육과 담는다.

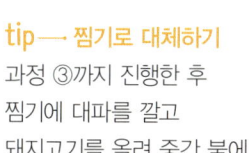

tip ── 찜기로 대체하기
과정 ③까지 진행한 후 찜기에 대파를 깔고 돼지고기를 올려 중간 불에서 10~15분간 익힌다.

반찬

kcal 32
eGL 5
나트륨(mg) 234

구운 채소 저염장아찌

일반 장아찌에 비해 간장을 적게 넣어 나트륨 함량을 줄였습니다. 채소를 한번 구운 후 절이면 감칠맛이 더 깊어집니다.

헬시에이징 식재료  가지 표고버섯   파프리카

⏱ 20~30분(+ 숙성 시키기 1일)
🍲 4회분

- 채소(가지, 파프리카, 표고버섯 등) 300g

절임물
- 양조간장 1큰술
- 매실청(또는 올리고당) 2큰술
- 통후추 1작은술
- 소금 1/3작은술
- 식초 1/2컵(100㎖)
- 물 1컵(200㎖)

1 냄비에 절임물을 넣어 센 불에서 끓어오르면 불을 끄고 한 김 식힌다.

2 채소는 한입 크기로 썬다.

3 달군 팬에 채소를 넣고 센 불에서 2분간 볶은 후 한 김 식힌다.

4 내열용기에 채소, 절임물을 넣고 1일간 실온에서 숙성 시킨 후 먹는다.
★ 내열용기에 담아 냉장(15일).

반찬

kcal 65
eGL 3
나트륨(mg) 128

꼬시래기 양파볶음

꼬시래기는 나트륨 함량이 높으므로 물에 여러 번 헹궈 소금기를 빼는 것이 중요합니다.
불에 살짝 볶아 꼬들한 식감 그대로 잡채처럼 즐기세요.

헬시에이징 식재료 꼬시래기 양파  마늘   들기름

⏱ 10~15분(+ 소금기 빼기 30분)
🥣 2인분

- 염장 꼬시래기 100g
  (또는 염장 미역줄기)
- 양파 1/2개(100g)
- 청양고추 1개(생략 가능)
- 식용유 1/2큰술
- 다진 마늘 1/2큰술
- 소금 약간
- 들기름(또는 참기름) 1작은술
- 후춧가루 약간

1. 염장 꼬시래기는 소금이 보이지 않을 때까지 헹군 후 찬물에 30분간 담가 소금기를 뺀다. 물기를 짜서 5cm 길이로 썬다.
2. 양파는 0.5cm 두께로 썰고, 청양고추는 송송 썬다.
3. 달군 팬에 식용유, 다진 마늘, 양파, 청양고추, 소금을 넣고 중간 불에서 2분간 볶는다.
4. 꼬시래기를 넣어 1분간 볶은 후 불을 끄고 들기름, 후춧가루를 넣어 가볍게 섞는다.

반찬

kcal	28
eGL	5
나트륨(mg)	113

케일 토마토겉절이

토마토는 항산화 효과가 뛰어나 건강 요리에 빠지지 않는 식재료입니다.
영양만큼이나 과육도 풍부해 상큼한 겉절이로 무쳐 먹기 좋지요.

헬시에이징 식재료 토마토   케일   양파

🕐 15~25분 🍚 2인분

- 토마토 1개
  (또는 파프리카, 150g)
- 쌈 케일 5장(또는 쌈 채소, 25g)
- 양파 1/8개(25g)

양념
- 고춧가루 1작은술
- 식초 1작은술
- 양조간장 1작은술
- 올리고당 1/2작은술

1. 양파는 가늘게 채 썬 후 찬물에 10분간 담가 매운맛을 뺀다.
2. 토마토는 1cm 두께로 썬 후 열십(+)자로 4등분한다. 쌈 케일은 길이로 2등분한 후 0.5cm 두께로 썬다.
3. 양념을 섞은 후 모든 재료와 살살 버무린다.

반찬

kcal	207
eGL	3
나트륨(mg)	213

훈제오리 토마토냉채

고단백 식품인 훈제오리는 체력이 떨어졌을 때 먹으면 기운 보충에 도움이 됩니다. 알싸한 겨자 소스를 곁들여 식욕도 돋워주지요.

헬시에이징 식재료 오리고기 토마토 적양배추

⏱ 15~25분 🍚 2인분

- 훈제오리 100g
- 토마토 1개(또는 파프리카, 150g)
- 적양배추 2장(손바닥 크기, 60g)
- 깻잎 5장(10g)

겨자 소스
- 식초 1큰술
- 양조간장 1작은술
- 유자청(또는 매실청) 1작은술
- 연겨자 1작은술
  (기호에 따라 가감)

1 훈제오리는 한입 크기로 썬 후 체에 밭쳐 뜨거운 물을 부어 기름기를 제거한다.

2 토마토는 2등분한 후 0.5cm 두께로 썬다. 적양배추, 깻잎은 채 썬다.

3 달군 팬에 훈제오리를 넣고 중간 불에서 1분간 노릇하게 구운 후 키친타월에 올려 기름기를 없앤다.

4 겨자 소스를 섞은 후 모든 재료와 함께 담는다.

반찬

kcal 117
eGL 3
나트륨(mg) 324

시래기 버섯찜

시래기와 버섯을 구수한 된장 양념에 뭉근히 익힌 메뉴입니다.
밥에 쓱쓱 비벼 먹으면 다른 반찬이 필요 없는 든든한 한 끼가 됩니다.

헬시에이징 식재료  시래기  표고버섯  양파 다시마  들깻가루, 들기름

○ 25~30분   ▽ 2인분

- 삶은 시래기
  (또는 데친 얼갈이배추) 100g
- 표고버섯 4개
  (또는 다른 버섯, 100g)
- 양파 1/4개(50g)
- 대파 10cm
- 다시마 5×5cm
- 물 1/2컵(100㎖)
- 들깻가루 1큰술

양념
- 들깻가루 1큰술
- 다진 마늘 1작은술
- 국간장 1작은술
- 된장 1/2큰술
  (집 된장의 경우 1작은술)
- 들기름 2작은술

tip — 말린 시래기 사용하기
말린 시래기 20g을 물에 담가 1일간 불린다. 냄비에 시래기, 잠길 만큼의 물을 붓고 뚜껑을 덮어 중간 불에서 1시간 삶은 후 과정 ①을 진행한다.

1 삶은 시래기는 손질(88쪽)한 후 5cm 길이로 썬다.
표고버섯은 0.5cm 두께로 썬다.

2 볼에 양념을 섞은 후 시래기, 표고버섯을 넣어 버무린다.

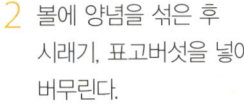

3 양파는 0.5cm 두께로 썰고, 대파는 어슷 썬다.

4 냄비에 ②를 깔고 양파, 대파, 다시마, 물을 넣어 중간 불에서 끓어오르면 약한 불로 줄여 뚜껑을 덮고 10분간 끓인다. 들깻가루를 넣고 섞는다.

반찬

kcal 140
eGL 7
나트륨(mg) 288

우엉 김볶음

우엉은 칼로리가 낮고 식이섬유가 풍부해 체중 조절용 반찬으로 제격이지요.
자칫 심심할 수 있는 우엉볶음에 김가루로 감칠맛을 더한 것이 포인트입니다.

헬시에이징 식재료  우엉   양파   김

🕐 20~25분 🍲 2인분

- 우엉 지름 2cm, 길이 20cm 4대(160g)
- 양파 1/4개
- 조미김 부순 것 1장분 (A4용지 크기)
- 식용유 1큰술
- 소금 약간
- 맛술 1큰술
- 양조간장 1/2큰술
- 참기름 1작은술

1 우엉은 껍질을 벗긴다.
2 우엉, 양파는 0.5cm 두께로 채 썬다.
3 달군 팬에 식용유, 우엉, 양파, 소금을 넣어 중간 불에서 3분간 볶는다.
4 우엉, 양파를 팬의 한쪽으로 밀어두고 맛술, 양조간장을 넣고 끓어오르면 우엉, 양파와 함께 1분간 볶는다.
5 조미김 부순 것, 참기름을 섞은 후 불을 끈다.

표고버섯 견과류강정

쫄깃한 표고버섯을 튀기지 않고 구워 건강하게 만든 강정.
달콤 짭조름한 양념에 견과류와 함께 볶아 고소합니다.

반찬

kcal 256
eGL 3
나트륨(mg) 112

 헬시에이징 식재료    표고버섯   피스타치오    양파

⏱ 20~30분   🍚 2인분

- 표고버섯 10개
  (또는 느타리버섯 3줌, 150g)
- 다진 피스타치오 2큰술
  (또는 다른 다진 견과류)
- 감자전분 2큰술
- 식용유 3큰술

양념
- 다진 양파 2큰술(20g)
- 식초 2작은술
- 양조간장 1작은술
- 매실청(또는 올리고당) 1작은술

1. 표고버섯은 4등분한다.
2. 위생팩에 감자전분, 표고버섯을 넣고 흔들어 묻힌다.
3. 달군 팬에 식용유, 표고버섯을 넣어 중간 불에서 3분간 뒤집어가며 구운 후 덜어둔다.
4. 팬을 닦은 후 다시 달궈 양념을 넣고 중간 불에서 1분, 표고버섯을 넣고 30초간 볶는다.
5. 불을 끄고 다진 피스타치오를 섞는다.

반찬

kcal 81
eGL 7
나트륨(mg) 335

감자 브로콜리조림

달고 짠 양념의 감자조림. 양념은 줄이고 식재료 고유의 맛을 살려 개발했습니다. 브레인 푸드인 브로콜리로 영양도 더했지요.

헬시에이징 식재료  브로콜리  당근  마늘

⏱ 15~25분   🍽 2인분

- 감자 1/2개(100g)
- 브로콜리 1/5개(60g)
- 당근 1/4개(50g)
- 소금 1/4작은술
- 고추기름(또는 식용유) 1작은술
- 참기름 1/2작은술

양념
- 고춧가루 1작은술
- 다진 마늘 1/2작은술
- 맛술 1작은술
- 양조간장 2작은술
- 후춧가루 약간
- 물 3/4컵(150㎖)

tip 고기로 단백질 더하기
닭가슴살 1쪽(100g)을 사방 1.5cm 크기로 썬 후 과정 ③에 함께 넣는다. 이때, 양조간장은 1큰술, 맛술은 1/2큰술로 늘린다.

1 감자, 당근은 껍질을 벗긴 후 사방 1.5cm 크기로 썬다. 브로콜리는 한입 크기로 썬다.

2 감자는 찬물에 헹궈 전분기를 제거한 후 물기를 뺀다. 볼에 양념을 섞는다.

3 달군 냄비에 고추기름, 감자, 당근, 소금을 넣어 약한 불에서 3분간 볶는다.

4 양념을 넣고 중간 불에서 끓어오르면 뚜껑을 덮어 5분간 조린다.

5 브로콜리를 넣고 섞은 후 센 불에서 2분간 조린다. 불을 끄고 참기름을 섞는다.
★ 너무 많이 저으면 감자가 부서지므로 살살 섞는다.

반찬

kcal 113
eGL 3
나트륨(mg) 330

아스파라거스 달걀볶음

아미노산이 풍부해 피로 회복에 효과적인 아스파라거스. 모양은 낯설지만 맛은 브로콜리와 비슷해 친근합니다. 간단하게 볶아 먹는 조리법 또한 간편하지요.

헬시에이징 식재료  아스파라거스  방울토마토 달걀  마늘

⏱ 25~35분　🍚 2인분

- 아스파라거스 5개
  (또는 껍질콩, 100g)
- 방울토마토 4개(60g)
- 달걀 2개
- 올리브유 1작은술
- 소금 약간
- 통후추 간 것 약간

양념
- 양조간장 1/2큰술
- 크러시드 페퍼 1/2작은술
  (생략 가능)
- 다진 마늘 1작은술
- 올리고당 1작은술

1 아스파라거스는 밑동 1cm 정도를 제거한 후 필러로 두꺼운 섬유질을 벗긴다.

2 아스파라거스는 2cm 길이로 어슷 썰고, 방울토마토는 2등분한다.

3 볼에 양념을 섞는다.

4 달군 팬에 올리브유, 아스파라거스, 소금을 넣어 중간 불에서 1분간 볶는다.

5 방울토마토를 넣어 1분간 볶는다. 달걀을 넣어 30초간 그대로 둔 후 저어가며 볶는다. 양념을 넣어 30초간 볶은 후 통후추 간 것을 넣는다.

반찬	
kcal	162
eGL	3
나트륨 (mg)	260

파프리카 제육볶음

기름기가 적은 돼지고기 안심을 사용해 칼로리 부담을 줄였습니다.
고기를 볶을 때 아삭한 채소를 곁들이면 몸에도 좋고 맛도 깊어집니다.

헬시에이징 식재료   돼지고기 안심   파프리카   적양배추  마늘

⏱ 25~35분   🍚 2인분

- 돼지고기 안심 100g
  (또는 닭가슴살 1쪽)
- 파프리카 1/3개
  (또는 양파, 70g)
- 적양배추 2장
  (손바닥 크기,
  또는 양배추, 60g)
- 대파 10cm
- 식용유 1작은술
- 후춧가루 약간

양념
- 고춧가루 1작은술
- 다진 마늘 1작은술
- 맛술 2작은술
- 양조간장 1작은술
- 고추장 2작은술

1. 돼지고기 안심은 키친타월로 핏물을 제거한 후 0.5cm 두께로 썬다.
2. 볼에 양념을 섞은 후 2작은술을 덜어 돼지고기 안심과 버무린다.
3. 파프리카, 적양배추는 0.5cm 두께로 썬다. 대파는 어슷 썬다.
4. 달군 팬에 식용유, 돼지고기 안심을 넣어 중간 불에서 2분간 볶는다.
5. 파프리카, 적양배추, 대파, 남은 양념을 넣고 센 불에서 1분간 볶은 후 불을 끄고 후춧가루를 섞는다.

반찬

kcal 161
eGL 3
나트륨(mg) 302

중화풍 황태 껍질콩볶음

중국식 볶음 요리는 왠지 기름지고 느끼할 것 같죠? 이 메뉴는 별다른 양념 없이 고추기름으로 칼칼한 맛을 내 깔끔하게 즐길 수 있습니다.

헬시에이징 식재료  껍질콩 황태  브라질넛츠

⏱ 20~30분 🍲 2인분

- 피망 1/2개
  (또는 파프리카, 50g)
- 껍질콩 10개(또는
  아스파라거스 5개, 50g)
- 황태채 1컵(20g)
- 브라질넛츠 4개
  (또는 다른 견과류, 20g)
- 고추기름 1작은술
- 소금 약간
- 후춧가루 약간

양념
- 물 2큰술
- 양조간장 1/2큰술
- 맛술 1작은술

1. 황태채는 4cm 길이로 썬 후 따뜻한 물에 적셔 물기를 짠다. 피망은 0.5cm 두께로 썰고, 껍질콩은 2등분한다.
2. 볼에 양념을 섞는다.
3. 달군 팬에 고추기름, 껍질콩, 황태채, 소금을 넣고 중간 불에서 1분간 볶는다.
4. 피망, 양념을 넣고 센 불에서 1분간 볶은 후 불을 끄고 브라질넛츠, 후춧가루를 섞는다.

반찬

kcal 194
eGL 3
나트륨(mg) 319

쇠간 부추볶음

쇠간은 잘 사용하지 않는 재료인데요. 그 어떤 재료보다 철분이 풍부합니다.
향신 채소와 함께 볶으면 반찬이나 가벼운 술안주로 즐기기 좋지요.

헬시에이징 식재료  쇠간 양파 부추  마늘

⏱ 35~45분 🥣 2인분

- 손질 쇠간 200g
  (또는 닭가슴살 2쪽)
- 양파 1/4개(50g)
- 부추 1줌
  (또는 깻잎 10장, 50g)
- 청양고추 1개
- 후춧가루 약간

밑간
- 다진 마늘 1작은술
- 청주 1작은술
- 소금 약간
- 후춧가루 약간

양념
- 양조간장 1/2큰술
- 맛술 2작은술
- 참기름 1작은술

1 쇠간은 1cm 두께로 썬다. 잠길 만큼의 우유에 10분간 담가 핏물을 뺀 후 찬물에 헹궈 물기를 뺀다.

2 볼에 쇠간, 밑간을 넣어 버무린 후 10분간 재운다.

3 양파는 0.5cm 두께로 썰고, 부추는 4cm 길이로 썬다.

4 청양고추는 송송 썬다. 볼에 양념을 섞는다.

5 달군 팬에 쇠간을 넣고 센 불에서 1분, 양파, 청양고추를 넣고 1분, 양념을 넣고 1분간 볶는다.

6 불을 끄고 부추, 후춧가루를 섞는다.

 **tip** 쇠간 구입 & 손질하기
정육점, 대형 마트 정육 코너에서 구입 가능하다. 손질되지 않은 쇠간은 겉의 하얀 막을 벗기고 사용한다.

반찬

kcal 198
eGL 3
나트륨(mg) 145

마파 가지볶음

가지의 수분이 돼지고기의 식감을 한결 촉촉하게 해줘 부드럽게 먹기 좋습니다.
고추장과 된장으로 양념해 매콤 구수한 맛이 입에 착 붙지요.

헬시에이징 식재료 가지   돼지고기 안심   호두   양파   마늘

⏱ 20~25분 🍚 2인분

- 가지 1개(150g)
- 돼지고기 안심 100g
  (또는 닭가슴살 1쪽)
- 다진 양파 1큰술
- 다진 파 1/2큰술
- 식용유 1작은술
- 다진 호두 1큰술
  (생략 가능)

밑간
- 다진 생강 1/4작은술
  (또는 다진 파 1작은술)
- 후춧가루 약간

양념
- 고춧가루 1작은술
- 다진 마늘 1작은술
- 맛술 1큰술
- 고추장 1작은술
- 된장 1/2작은술
  (집 된장의 경우 1/3작은술)
- 후춧가루 약간
- 물 1/4컵(50㎖)

1 돼지고기 안심은 키친타월로 핏물을 제거한다. 0.5cm 두께로 썬 후 밑간과 버무린다.

2 가지는 3등분한 후 길이로 6등분한다. 볼에 양념을 섞는다.

3 달군 팬에 식용유, 다진 양파, 다진 파를 넣어 중간 불에서 30초, 돼지고기 안심을 넣어 1분간 볶는다.

4 가지를 넣어 2분, 양념을 넣어 1분간 볶은 후 다진 호두를 뿌린다.

오징어지짐이

쌈 채소를 곁들여 더욱 푸짐하고 든든하게 즐겨보세요.
구수한 강된장으로 양념해 쌈장이 따로 필요 없습니다.

반찬	
kcal	126
eGL	6
나트륨 (mg)	269

헬시에이징 식재료: 오징어, 새송이버섯, 양파, 부추, 마늘

⏱ 20~30분 🍲 2인분

- 오징어 1/2마리
  (또는 냉동 생새우살,
  120g)
- 새송이버섯 1개
  (또는 다른 버섯, 80g)
- 애호박 1/3개(70g)
- 양파 1/4개(50g)
- 부추 1/3줌(약 15g)
- 고추 1개

양념
- 맛술 1큰술
- 된장 1/2큰술
  (집 된장의 경우
  1작은술)
- 고춧가루 1작은술
- 다진 마늘 1작은술
- 참기름 1작은술
- 후춧가루 약간
- 물 1/4컵(50ml)

1. 오징어는 손질(89쪽)한다. 몸통은 길이로 2등분한 후 1cm 두께 썰고, 다리는 5cm 길이로 썬다.
2. 새송이버섯, 애호박은 사방 2cm 크기로 썬다. 양파는 사방 1cm 크기로 썬다.
3. 부추는 2cm 길이로 썰고, 고추는 송송 썬다.
4. 냄비에 양념을 섞은 후 오징어, 새송이버섯, 애호박, 양파, 고추를 넣고 중간 불에서 끓어오르면 약한 불로 줄여 뚜껑을 덮고 5분간 끓인다.
5. 부추를 넣어 가볍게 섞는다.

반찬

kcal 190
eGL 3
나트륨(mg) 463

굴 두부두루치기

조림이나 찌개로 식탁에 올리기 만만한 두부.
노릇하게 구워 굴과 함께 볶으면 풍미가 업그레이드
됩니다. 고단백 영양 반찬으로도 손색이 없지요.

헬시에이징 식재료 굴 두부   양파  마늘

⏱ 25~35분   🥣 2인분

- 굴 3/4컵(150g)
- 두부 큰 팩 1/2모(부침용, 150g)
- 양파 1/4개(50g)
- 대파 10cm
- 식용유 1작은술 + 1작은술
- 소금 약간

양념
- 다진 마늘 1큰술
- 고춧가루 2작은술
- 맛술 2작은술
- 양조간장 1작은술
- 고추장 1작은술

1 두부는 1cm 두께로 썬다.
키친타월에 올려 소금을 뿌린 후 10분간 둔다.

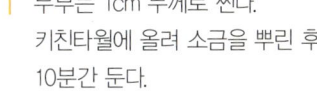

2 굴은 체에 밭쳐 소금물에 흔들어 씻은 후 헹궈 물기를 뺀다.

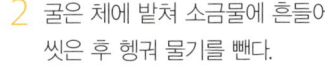

3 양파는 0.5cm 두께로 썰고, 대파는 2등분한 후 열십(+)자로 4등분한다.

4 달군 팬에 식용유 1작은술, 두부를 넣어 중약 불에서 앞뒤로 각각 2분씩 구운 후 덜어둔다.

5 팬을 닦은 후 다시 달궈 식용유 1작은술, 양파, 대파를 넣어 센 불에서 1분간 볶는다.

6 굴을 넣고 1분, 두부, 양념을 넣고 1분간 볶는다.

tip → 굴 볶을 때 주의하기
굴은 볶을 때 수분이 잘 생기므로 센 불에서 빠르게 볶는 것이 좋다.

반찬

kcal 102
eGL 3
나트륨(mg) 136

브로콜리 두부전

밀가루를 사용하지 않고 달걀로만 뭉쳐 만들어 건강에 좋고 소화도 잘되는 전입니다. 재료와 조리법이 간단해 요리 초보자도 쉽게 만들 수 있지요.

 두부  브로콜리 달걀

🕐 20~30분 🍲 2인분

- 두부 큰 팩 1/3모(부침용, 100g)
- 브로콜리 1/6개(50g)
- 달걀 1개
- 소금 약간
- 식용유 1작은술

1 브로콜리는 굵게 다진다.

2 두부는 키친타월로 감싸 물기를 뺀 후 칼 옆면으로 으깬다.

3 볼에 식용유를 제외한 모든 재료를 섞는다.

4 달군 팬에 식용유, ③을 2큰술씩 올린 후 1cm 두께로 펼친다.

5 중간 불에서 앞뒤로 각각 2분씩 굽는다.

139

반찬

kcal 152
eGL 11
나트륨(mg) 92

당귀잎 퀴노아전

한약방에 가면 맡게 되는 특유의 약초 냄새, 바로 당귀잎에서 나는 향입니다. 피를 맑게 하는 효능이 뛰어나니 일상 요리에서 적극 활용하세요. 당귀잎은 쌈 채소 코너에서 구입할 수 있습니다.

헬시에이징 식재료  당귀잎  퀴노아 들깻가루

⏱ 25~35분 🥣 2인분

- 당귀잎 1줌
  (또는 참나물 1줌, 50g)
- 볶은 퀴노아 4큰술
  (또는 볶은 현미, 20g)
- 식용유 1작은술 + 1작은술

반죽
- 통밀가루 4큰술
- 들깻가루 1큰술
- 물 5큰술
- 소금 약간

1 당귀잎은 지저분한 잎을 떼어낸다. 볼에 반죽을 섞는다.

2 약한 불로 달군 팬에 식용유 1작은술, 당귀잎 1/2분량을 펼쳐 올린다.

3 반죽 1/2분량을 붓고 볶은 퀴노아 2큰술을 뿌린다.

4 중약 불에서 앞뒤로 각각 2분씩 굽는다. 같은 방법으로 한 장 더 굽는다.

tip → 퀴노아와 현미 볶기
마른 팬에 삶은 퀴노아와 현미를 넣고 약한 불에서 겉면이 노릇하고 바삭해질 때까지 볶는다.

반찬

kcal	74
eGL	5
나트륨(mg)	201

병아리콩자반

주로 검은콩으로 만들던 콩자반을 병아리콩으로 개발했습니다.
검은콩자반보다 부드럽고 고소한 맛이 특징이지요.

헬시에이징 식재료  병아리콩   호두   다시마

🕐 30~40분(+ 병아리콩 불리기 6시간)
🍲 2인분

- 병아리콩 1/2컵(80g)
- 다진 호두(또는 다른 다진 견과류) 2큰술
- 다시마 5×5cm 2장
- 양조간장 1과 1/2큰술
- 맛술 2큰술
- 올리고당 1큰술
- 참기름 1/2작은술
- 통깨 약간
- 물 2컵(200㎖)

1. 병아리콩은 잠길 만큼의 물에 담가 6시간 불린다.
2. 냄비에 불린 병아리콩, 물, 다시마를 넣고 중간 불에서 20분간 삶는다.
3. 다시마를 건진 후 다진 호두, 양조간장, 맛술을 넣고 약한 불에서 국물이 자작할 때까지 10분, 올리고당, 참기름, 통깨를 섞은 후 불을 끈다.

kcal	98
eGL	4
나트륨(mg)	144

호두 마늘 잔멸치볶음

오도독 씹히는 견과류로 씹는 재미를, 마늘로 알싸한 맛을 더했습니다.
짭조름한 잔멸치는 물에 담가둔 후 사용해 나트륨 섭취를 줄였지요.

헬시에이징 식재료  멸치  마늘   호두

⏱ 15~25분 🥣 2인분

- 잔멸치 1/2컵(20g)
- 마늘 5쪽(25g)
- 다진 호두 1큰술
  (또는 다른 다진 견과류)
- 식용유 1작은술
- 후춧가루 약간

양념
- 맛술 1큰술
- 양조간장 1/2작은술

1 잔멸치는 잠길 만큼의 물에 5분간 담가둔 후
  헹궈 물기를 뺀다.
2 마늘은 편 썬다. 볼에 양념을 섞는다.
3 달군 팬에 식용유, 마늘을 넣어 약한 불에서 3분,
  잔멸치를 넣고 2분간 볶는다.
4 양념을 넣고 30초간 볶은 후
  불을 끄고 다진 호두, 후춧가루를 섞는다.

반찬	
kcal	129
eGL	13
나트륨 (mg)	252

강황 듬뿍카레

시판 카레는 강황가루 함유량이 적다는 사실, 아시나요?
강황가루를 추가해 풍미와 효능, 모두 풍부하게 즐기세요.

 헬시에이징 식재료 토마토 자색고구마  당근  브로콜리 강황가루

🕐 20~30분   🥣 2인분

- 토마토 1개
  (또는 방울토마토 10개, 150g)
- 자색고구마 1/2개(100g)
- 양파 1/4개(50g)
- 당근 1/4개(50g)
- 브로콜리 1/6개(50g)
- ★ 채소는 동량 대체 가능
- 강황가루 2작은술
- 카레가루 1큰술
- 식용유 1작은술
- 소금 약간
- 물 2컵(400㎖)

1 자색고구마는 껍질을 벗긴다.
  토마토, 자색고구마, 양파,
  당근, 브로콜리는
  사방 1.5cm 크기로 썬다.

2 달군 냄비에 식용유,
  ①의 채소, 소금을 넣어
  중간 불에서 3분간 볶는다.

3 물, 강황가루를 넣어 5분,
  카레가루를 넣어 1분간 저어가며
  끓인다.

tip → 강황가루를
카레가루로 대체하기
시판 카레가루 중 강황가루
함량이 많은 카레가루로
동량 대체해도 좋다.

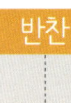

반찬

kcal	128
eGL	3
나트륨 (mg)	24

토마토양념장과 생식 두부

생식 두부에 저염·저당 토마토소스 스타일의 양념장을 곁들인 이색적인 메뉴.
입맛에 따라 차게 먹거나 따뜻하게 데워서 먹어도 좋습니다.

 헬시에이징 식재료 두부   방울토마토   양파  마늘

🕐 20~25분   🥣 2인분

- 생식 두부 2팩(또는 연두부, 280g)
- 방울토마토 10개
  (또는 토마토 1개, 150g)
- 양파 1/4개(50g)
- 올리브유(또는 식용유) 2작은술
- 다진 마늘 1작은술
- 말린 허브가루 1/2작은술
  (생략 가능)
- 하프 토마토케첩 1작은술
- 햄프시드 1작은술(생략 가능)

1. 방울토마토는 2등분하고, 양파는 곱게 다진다.
2. 달군 냄비에 올리브유, 다진 마늘, 양파를 넣어 중간 불에서 1분간 볶는다. 생식 두부를 제외한 모든 재료를 넣고 토마토를 으깨가며 3~4분간 볶는다.
3. 그릇에 생식 두부를 담고 ②를 올린다.

반찬

kcal 68
eGL 7
나트륨(mg) 551

다시마 적양배추쌈과 들깨 초고추장

적양배추를 전자레인지로 익히면 쌈으로 먹기 적당하게 부드러워져요.
매콤한 들깨 초고추장에 찍어 먹으면 소박하지만 맛깔스러운 반찬이 된답니다.

 헬시에이징 식재료   다시마    적양배추    들깻가루, 들기름

🕐 15~25분   🥣 2인분

- 염장 다시마 7×7cm 6장
- 적양배추 4장
  (또는 양배추, 120g)
- 물 3큰술

들깨 초고추장
- 고추장 1큰술
- 들깻가루 2작은술
- 식초 2작은술
- 올리고당 1작은술
- 들기름 약간

1 다시마는 씻은 후 잠길 만큼의 물에 10분간 담가 짠맛을 제거한다.

2 내열용기에 적양배추, 물을 담고 뚜껑을 덮어 전자레인지에서 3분간 익힌다.

3 들깨 초고추장을 섞은 후 다시마, 적양배추와 곁들인다.

tip ― 전자레인지를 다른 도구로 대체하기
냄비 끓는 물에 적양배추를 넣고 30초간 데친 후 체에 받쳐 그대로 식힌다.
찜기 김이 오른 찜기에 적양배추를 넣고 2분간 찐다.

반찬	
kcal	164
eGL	3
나트륨(mg)	159

고등어 강황구이와 양념장

고등어를 소금 대신 강황가루로 밑간을 해
풍미는 살리고 나트륨 섭취는 줄였습니다.
맛이 살짝 심심하다면 양념장을 곁들이세요.

| 헬시에이징 식재료 |  고등어  강황가루  마늘  |

🕐 20~30분 🥣 2인분

- 손질 고등어 1/2마리
  (구이용, 또는 삼치, 연어, 110g)
- 식용유 1작은술

밑간
- 강황가루 1/2작은술
- 청주 1작은술

양념장
- 다진 쪽파 2줄기
  (또는 대파 20cm, 16g)
- 고춧가루 1작은술
- 다진 마늘 1/2작은술
- 생수 2작은술
- 양조간장 1작은술
- 올리고당 1/2작은술

1 볼에 밑간을 섞는다.

2 고등어에 밑간을 바르고 10분간 재운다.

3 양념장을 섞는다.

4 달군 팬에 식용유, 고등어를 넣고 중약 불에서 3분, 뒤집어서 2분간 굽는다. 그릇에 담아 양념장을 곁들인다.

kcal	111
eGL	3
나트륨 (mg)	385

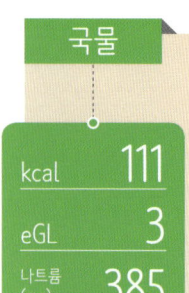

황태 버섯 달걀국

육개장 스타일로 칼칼하게 만든 황태국입니다.
기존 육개장의 텁텁하고 기름진 맛을 개선해 맛이 깔끔하고 속이 편하지요.
황태는 해독작용이 뛰어나니 해장용으로 추천합니다.

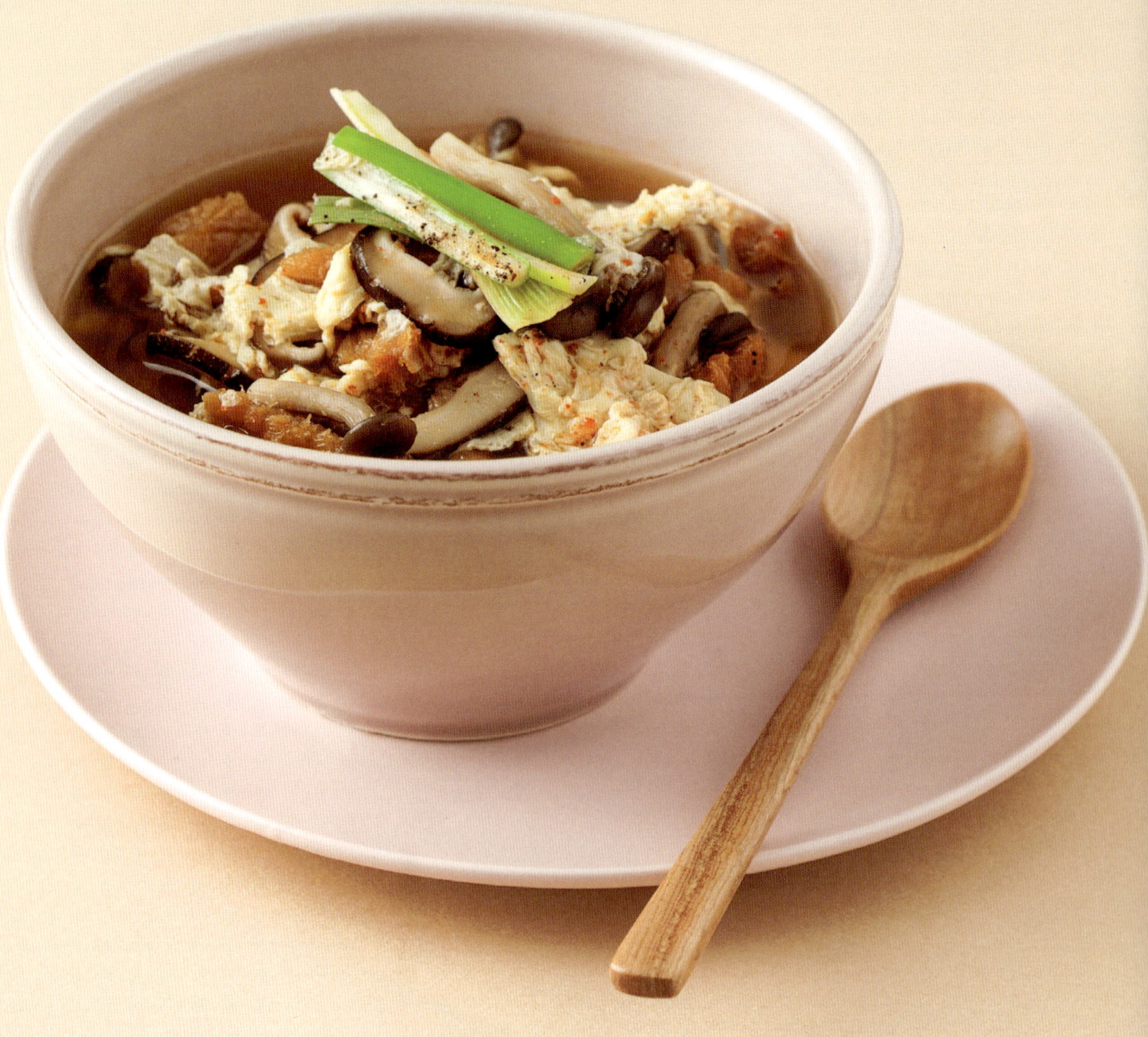

헬시에이징 식재료  모둠 버섯 황태 달걀  마늘 들기름

🕐 35~45분   🥣 2인분

- 모둠 버섯 1과 1/2줌
  (표고버섯, 새송이버섯,
  양송이버섯 등, 75g)
- 황태채 1컵(20g)
- 달걀 1개
- 대파 20cm
- 다시마 5×5cm 2장
- 들기름 1작은술
- 다진 마늘 1작은술
- 고춧가루 1작은술
- 소금 1/4작은술
- 국간장 1작은술
- 후춧가루 약간
- 미지근한 물 3컵(600㎖)

1 황태채는 4cm 길이로 잘라 미지근한 물 3컵(600㎖)에 적신 후 물기를 짠다. 이때, 황태채 적신 물은 따로 둔다.

2 모둠 버섯은 결대로 찢거나 0.5cm 두께로 썬다.

3 대파는 2등분한 후 길이로 4등분한다. 볼에 달걀을 푼다.

4 달군 냄비에 들기름, 황태채, 대파, 다진 마늘, 고춧가루를 넣어 약한 불에서 2분간 볶는다.

5 ①의 황태채 적신 물, 모둠 버섯, 다시마, 소금, 국간장, 후춧가루를 넣고 센 불에서 끓어오르면 약한 불로 줄여 15분간 끓인다.

6 다시마를 건지고 달걀물을 부어 그대로 2분간 끓인다.

국물

kcal 29
eGL 6
나트륨(mg) 651

파프리카 미역냉국

시원한 국물과 아삭한 파프리카가 갈증을 해소해줍니다.
미역이 체내 노폐물 배출을 도와 몸이 맑아지는 느낌도 들지요.

헬시에이징 식재료  파프리카  미역  다시마 양파

⏱ 20~30분　🥣 2인분

- 파프리카 1/4개(또는 오이, 50g)
- 마른 미역 1/2줌(약 3g)
- 통깨 약간
- 참기름 약간

국물
- 다시마 5×5cm 2장
- 식초 2큰술
- 매실청(또는 올리고당) 1큰술
- 소금 1작은술
- 생수 2컵(400㎖)

밑간
- 다진 양파 1큰술
- 국간장 1/2작은술

1 미역 데칠 물(3컵)을 끓인다.
마른 미역은 잠길 만큼의
물에 담가 10분간 불린 후
거품이 나오지 않을 때까지
주물러 씻어 헹궈 물기를 짠다.
볼에 국물 재료를 넣고
랩을 씌워 냉장실에 차게 둔다.

2 ①의 끓는 물에 미역을 넣어
10초간 데친 후 헹궈 물기를 뺀다.

3 미역은 1cm 두께로 썰어
밑간과 버무린다.
파프리카는 가늘게 채 썬다.

4 ①의 국물에서 다시마를 건진 후
모든 재료를 넣는다.
★ 먹기 직전까지 냉장실에 넣어
두고 차갑게 즐겨도 좋다.

국물

kcal	92
eGL	4
나트륨(mg)	413

맑은 굴 된장국

최소한의 된장만으로 간을 해 나트륨 섭취를 줄이고, 굴의 시원한 맛은 그대로 살렸습니다.

헬시에이징 식재료  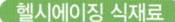 굴 　 무　 마늘　 다시마

🕐 25~35분　🥣 2인분

- 굴 3/4컵(150g)
- 대파 10cm
- 된장 1/2큰술
  (집 된장의 경우 1작은술)
- 다진 마늘 1작은술
- 후춧가루 약간

국물
- 무 지름 10cm,
  두께 0.5cm 2토막(100g)
- 국물용 멸치 5마리(5g)
- 다시마 5×5cm 2장
- 물 3과 1/2컵(700㎖)

1　무는 0.5cm 두께로 채 썰고, 대파는 송송 썬다.

2　냄비에 국물 재료를 넣어 센 불에서 끓어오르면
　　중약 불로 줄여 5분간 끓인다.
　　다시마를 건지고 10분간 더 끓인 후 멸치를 건진다.

3　굴은 체에 밭쳐 소금물에 흔들어 씻은 후 헹궈 물기를 뺀다.

4　②의 냄비에 된장을 넣어 푼 후
　　나머지 재료를 넣고 센 불에서 끓어오르면 2분간 끓인다.

국물

브로콜리 미역국

미역국은 혈액순환을 돕고 피를 맑게 해주는 고마운 음식입니다.
브로콜리를 넣으면 항암 효과와 씹는 맛도 좋아지니 금상첨화이지요.

kcal 97
eGL 3
나트륨(mg) 674

 헬시에이징 식재료    브로콜리    미역   들깻가루, 들기름    마늘

⏱ 20~30분   🥣 2인분

- 브로콜리 1/5개(60g)
- 마른 미역 1줌(5g)
- 들깻가루 2큰술
- 들기름 1큰술
- 다진 마늘 1큰술
- 국간장 1큰술
- 소금 약간
- 물 4컵(800㎖)

1. 마른 미역은 잠길 만큼의 물에 담가 10분간 불린다. 거품이 나오지 않을 때까지 주물러 씻어 헹군 후 3cm 두께로 썬다.
2. 브로콜리는 사방 2cm 크기로 썬다.
3. 달군 냄비에 들기름, 다진 마늘, 미역을 넣어 중간 불에서 2분, 브로콜리, 소금을 넣어 1분간 볶는다.
4. 물을 붓고 5분, 들깻가루, 국간장을 넣고 5분간 끓인다.

kcal	101
eGL	3
나트륨 (mg)	1785

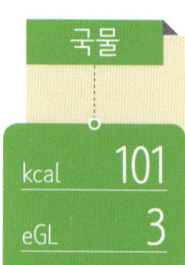

시래기 버섯 청국장

전통 발효식품인 청국장은 장 건강은 물론, 면역력을 강화하는 효과가 있지요. 시래기와 표고버섯을 넣어 더욱 구수하게 즐기세요.

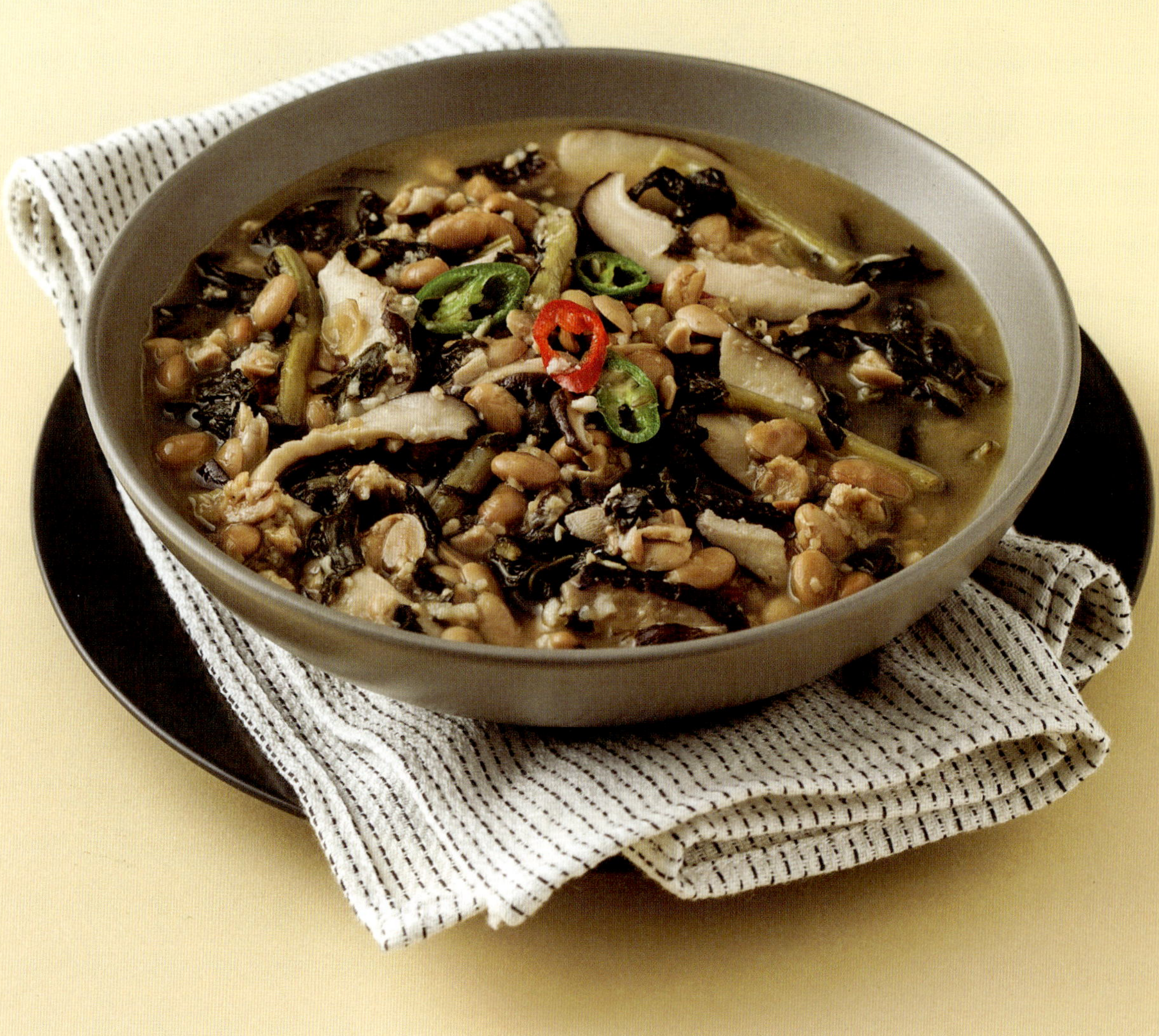

헬시에이징 식재료  시래기 표고버섯  마늘 멸치  들기름

⏱ 40~50분　🍲 2인분

- 삶은 시래기 100g
  (또는 데친 얼갈이배추)
- 표고버섯 3개
  (또는 다른 버섯, 75g)
- 풋고추(또는 다른 고추) 1개
- 청국장 50g
- 들기름 1작은술
- 국간장 1/2큰술
- 다진 마늘 1작은술

국물
- 국물용 멸치 5마리(5g)
- 다시마 5×5cm 2장
- 물 3과 1/2컵(700㎖)

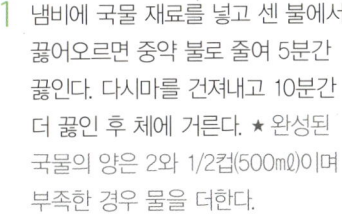

1 냄비에 국물 재료를 넣고 센 불에서 끓어오르면 중약 불로 줄여 5분간 끓인다. 다시마를 건져내고 10분간 더 끓인 후 체에 거른다. ★ 완성된 국물의 양은 2와 1/2컵(500㎖)이며 부족한 경우 물을 더한다.

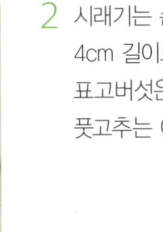

2 시래기는 손질(88쪽)한 후 4cm 길이로 썬다.
표고버섯은 0.5cm 두께로 썰고, 풋고추는 어슷 썬다.

3 냄비를 씻은 후 다시 달궈 들기름, 시래기, 표고버섯, 국간장, 다진 마늘을 넣고 중간 불에서 3분간 볶는다.

4 ①의 국물을 붓고 끓어오르면 뚜껑을 덮어 10분간 끓인다.

5 풋고추, 청국장을 넣고 끓어오르면 3분간 끓인다.

국물

kcal	125
eGL	6
나트륨(mg)	239

부추 황태탕

황태채를 쌀뜨물에 푹 끓여 국물이 마치 곰탕처럼 뽀얗습니다. 몸살 기운이 있을 때 먹으면 속이 따뜻하고 든든해질 거예요.

헬시에이징 식재료 부추  황태  다시마 들깻가루, 들기름

⏱ 20~30분 🍲 2인분

- 부추 1/2줌(25g)
- 황태채 1컵(20g)
- 감자 1/2개(100g)
- 들깻가루 2큰술
- 소금 1/3작은술(기호에 따라 가감)
- 후춧가루 약간

국물
- 대파 10cm
- 다시마 5×5cm 2장
- 들기름 1작은술
- 쌀뜨물 3컵(600㎖)

1 감자는 껍질을 벗겨 0.5cm 두께로 썬 후 열십(+)자로 4등분한다. 부추, 황태채는 3cm 길이로 썬다.

2 냄비에 황태채, 감자, 국물 재료를 넣고 뚜껑을 덮어 중간 불에서 10분간 끓인다.

3 대파, 다시마를 건지고, 들깻가루, 소금을 넣어 뚜껑을 열고 5분간 끓인 후 부추, 후춧가루를 넣는다.

토마토 달걀탕

토마토를 익혀 국물을 낸 중국식 건강 요리입니다.
보기와 다르게 매콤한 반전 매력이 있지요.

kcal	146
eGL	3
나트륨(mg)	452

헬시에이징 식재료   토마토   달걀   다시마

⏱ 20~30분   🥣 2인분

- 토마토 1개(방울토마토 10개, 150g)
- 달걀 2개
- 양배추 2장(손바닥 크기, 또는 적양배추, 60g)
- 대파 20cm
- 고추기름(또는 식용유) 1큰술
- 크러시드 페퍼 1작은술(생략 가능)
- 다시마 5×5cm 3장
- 액젓 1/2큰술
- 양조간장 1작은술
- 후춧가루 약간
- 물 2와 1/2컵(500㎖)

1 토마토는 2등분한 후 0.5cm 두께로 썰고, 양배추는 1cm 두께로 썬다.

2 대파는 송송 썬다. 볼에 달걀을 푼다.

3 달군 팬에 고추기름, 대파, 크러시드 페퍼를 넣어 중간 불에서 1분간 볶는다.
토마토, 양배추를 넣어 2분간 볶는다.

4 물, 다시마, 액젓을 넣고 5분간 끓인다.
약한 불로 줄여 달걀을 둘러가며 붓고 1분간 끓인다.
양조간장, 후춧가루를 넣고 불을 끈다.

국물

kcal 241
eGL 3
나트륨(mg) 631

고등어 들깨탕

추어탕만큼 얼큰하고 시원한 국물 맛이 좋은 탕입니다.
고소한 들깻가루를 넣어 고등어의 비린내는 잡고 구수함은 한층 더 살렸답니다.

헬시에이징 식재료  고등어  다시마   생강  마늘   들깻가루

⏱ 25~35분   🍲 2인분

- 손질 고등어 1/2마리
  (구이용, 약 150g)
- 알배기배추 4장
  (손바닥 크기, 120g)
- 대파 20cm
- 풋고추(또는 다른 고추) 1개
- 깻잎 10장(또는 부추 1/2줌, 20g)
- 들깻가루 3큰술
  (기호에 따라 가감)
- 후춧가루 약간

국물
- 대파 20cm
- 다시마 5×5cm 3장
- 생강 1톨(5g)
- 청주 1큰술
- 물 4컵(800㎖)

양념
- 고춧가루 1큰술
- 다진 마늘 1/2큰술
- 된장 1큰술
  (집 된장의 경우 1/2작은술)
- 고추장 1작은술
- 국간장 1작은술

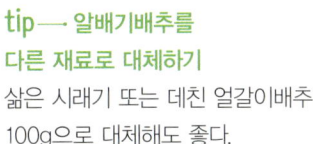

tip → 알배기배추를
다른 재료로 대체하기
삶은 시래기 또는 데친 얼갈이배추
100g으로 대체해도 좋다.

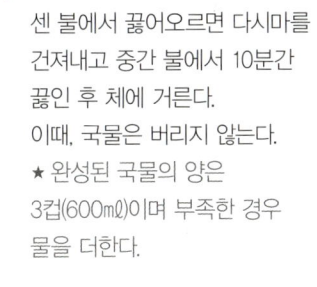

1 냄비에 고등어, 국물 재료를 넣고
센 불에서 끓어오르면 다시마를
건져내고 중간 불에서 10분간
끓인 후 체에 거른다.
이때, 국물은 버리지 않는다.
★ 완성된 국물의 양은
3컵(600㎖)이며 부족한 경우
물을 더한다.

2 고등어는 한 김 식혀
잔가시, 가운데 뼈, 양옆의
지느러미를 제거해
살만 발라낸 후 손으로 으깬다.

3 알배기배추는 2등분한 후
1cm 두께로 썰고,
대파, 풋고추는 어슷 썬다.
깻잎은 2등분한 후
1cm 두께로 썬다.

4 냄비에 ①의 국물, 고등어살,
알배기배추, 양념을 넣고
중간 불에서 10분,
대파, 풋고추, 들깻가루를 넣고
2분간 끓인다. 불을 끄고
깻잎, 후춧가루를 넣는다.

국물

kcal 108
eGL 3
나트륨(mg) 775

으깬 두부 김치찌개

김치 양을 줄인 대신 양배추를 넣어
나트륨 섭취를 낮춘 김치찌개.
두부를 으깨 비지찌개처럼
국물을 자박하게 만든 것이 포인트랍니다.

헬시에이징 식재료 두부  마늘 다시마 들기름

⏱ 45~55분 🍲 2인분

- 두부 큰 팩 1/2모(찌개용, 150g)
- 익은 배추김치 2/3컵(100g)
- 양배추 2장(손바닥 크기, 또는 알배기배추, 60g)
- 대파 10cm
- 들기름 1작은술
- 고춧가루 1작은술
- 다진 마늘 1작은술
- 국간장 1작은술

국물
- 국물용 멸치 5마리(5g)
- 다시마 5×5cm 2장
- 물 3과 1/2컵(700㎖)

1 냄비에 국물 재료를 넣고 센 불에서 끓어오르면 중약 불로 줄여 5분간 끓인다. 다시마를 건지고 10분간 끓인 후 체에 거른다. ★ 완성된 국물의 양은 2와 1/2컵(500㎖)이며 부족한 경우 물을 더한다.

2 배추김치는 물기를 꼭 짜고 1cm 두께로 썬다. 양배추는 2cm 두께로 썰고, 대파는 어슷 썬다.

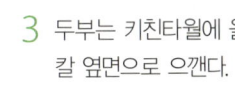

3 두부는 키친타월에 올려 칼 옆면으로 으깬다.

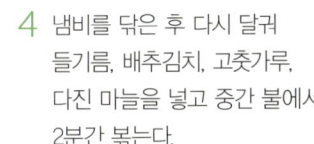

4 냄비를 닦은 후 다시 달궈 들기름, 배추김치, 고춧가루, 다진 마늘을 넣고 중간 불에서 2분간 볶는다.

5 ①의 국물을 붓고 끓어오르면 중약 불로 줄여 뚜껑을 덮고 15분간 끓인다.

6 두부, 양배추, 대파, 국간장을 넣고 센 불에서 끓어오르면 중간 불로 줄여 5분간 끓인다.

tip → 배추김치 사용하기
덜 익은 배추김치는 과정 ④에서 식초 1작은술을 더하고, 많이 익은 배추김치는 올리고당 1/2작은술을 더한다.

국물

kcal 80
eGL 6
나트륨(mg) 260

병아리콩 된장찌개

된장찌개에 병아리콩을 넣으면 부드럽게 씹히는 식감 덕분에 청국장을 먹는 느낌이 난답니다. 고소한 맛과 건강에도 좋은 건 두말할 필요 없지요.

헬시에이징 식재료  병아리콩  표고버섯 무 양파  마늘

⏱ 25~35분
　(+ 병아리콩 익히기 6~7시간)
🍲 2인분

- 삶은 병아리콩 1/2컵
  (80g, 88쪽 참고)
- 표고버섯 2개
  (또는 느타리버섯, 50g)
- 무 지름 10cm,
  두께 1cm 1/2토막(50g)
- 양파 1/4개(50g)
- ★ 채소는 동량 대체 가능
- 대파 10cm
- 고춧가루 1작은술
- 다진 마늘 1/2큰술
- 된장 2작은술
  (집 된장의 경우 1/2큰술)

국물
- 국물용 멸치 5마리
- 다시마 5×5cm 2장
- 물 2와 1/2컵(500㎖)

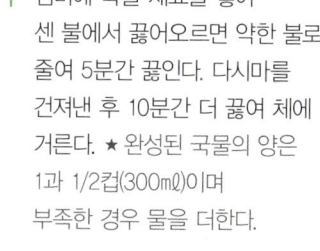

1 냄비에 국물 재료를 넣어 센 불에서 끓어오르면 약한 불로 줄여 5분간 끓인다. 다시마를 건져낸 후 10분간 더 끓여 체에 거른다. ★ 완성된 국물의 양은 1과 1/2컵(300㎖)이며 부족한 경우 물을 더한다.

2 표고버섯은 0.5cm 두께로 썰고, 무, 양파는 사방 1cm 크기로 썬다. 대파는 어슷 썬다.

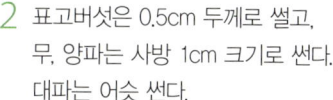

3 삶은 병아리콩은 굵게 다진다.

4 ①의 냄비에 무, 양파, 고춧가루, 다진 마늘을 넣어 중간 불에서 3분, 다진 병아리콩, 표고버섯, 된장을 넣어 3분간 끓인다. 불을 끄고 대파를 넣는다.

샐러드

병아리콩 콥샐러드
kcal	234
eGL	24
나트륨(mg)	327

카무트 시저샐러드
kcal	225
eGL	13
나트륨(mg)	253

병아리콩 콥샐러드

헬시에이징 기본 샐러드 2가지

슈퍼곡물은 단백질이 풍부해 샐러드에 곁들이면 부족한 영양소를 보충할 수 있습니다. 알갱이의 거친 식감과 고소한 맛의 슈퍼급 매력도 느껴보세요.

카무트 시저샐러드

헬시에이징 식재료  자색고구마  파프리카  병아리콩  홀그레인 머스터드

병아리콩 콥샐러드

⏱ 15~25분(+ 병아리콩 익히기 6~7시간)
🥣 2인분

- 삶은 병아리콩 1/2컵
  (80g, 88쪽 참고)
- 자색고구마 1개(200g)
- 파프리카 1/2개(100g)
- 오이 1/4개(50g)
- ★ 채소는 동량 대체 가능
- 햄프시드 1큰술
  (또는 다진 견과류)

드레싱
- 레몬즙 2큰술
- 홀그레인 머스터드 1큰술
- 올리고당 1큰술
- 소금 약간
- 통후추 간 것 약간

1 자색고구마는 껍질을 벗겨 사방 1.5cm 크기로 썬 후 내열용기에 담아 뚜껑을 덮고 전자레인지에서 4분간 익힌다.
2 파프리카, 오이는 사방 1.5cm 크기로 썬다.
3 볼에 드레싱을 섞는다.
4 그릇에 모든 재료를 담고 드레싱을 곁들인다.

헬시에이징 식재료 방울토마토 카무트 달걀  마늘 홀그레인 머스터드

카무트 시저샐러드

⏱ 30~35분 🥣 2인분

- 카무트 1/3컵
  (또는 귀리, 퀴노아, 53g)
- 삶은 달걀 2개
- 방울토마토 6개(90g)
- 로메인 10장
  (또는 쌈 케일,
  샐러드 채소, 100g)

드레싱
- 파마산 치즈가루 1큰술
- 레몬즙 2큰술
- 하프 마요네즈 2큰술
- 다진 마늘 1작은술
- 홀그레인 머스터드
  1작은술
- 올리고당 1작은술
- 통후추 간 것 약간

1 냄비에 카무트 + 물(3컵)을 넣고 중간 불에서 끓어오르면 20~25분간 삶은 후 체에 밭쳐 한 김 식힌다.
2 삶은 달걀은 1cm 두께로 썰고, 로메인은 한입 크기로 썬다. 방울토마토는 4등분한다.
3 볼에 드레싱을 섞은 후 모든 재료와 버무린다.

샐러드

kcal	303
eGL	14
나트륨(mg)	289

활력 비타민샐러드

비타민은 음식을 통해 섭취하는 것이 가장 좋답니다. 비타민 B와 C가 풍부한 샐러드 한 접시로 피로를 풀고 상쾌한 에너지를 채우세요.

헬시에이징 식재료  자몽 연어  브로콜리 그릭 요구르트 강황가루

⏱ 20~25분   🍽 2인분

- 자몽 1/2개(또는 파인애플 링, 225g)
- 연어 200g (구이용, 또는 훈제오리)
- 브로콜리 1/2개(150g)
- 푸룬 4개(또는 다른 말린 과일, 32g)
- 올리브유 1/2큰술
- 소금 약간

드레싱
- 떠먹는 그릭 요구르트 1통(85g)
- 다진 양파 2큰술(20g)
- 레몬즙 1큰술
- 올리고당 1큰술
- 강황가루 1/2작은술
- 소금 약간
- 통후추 간 것 약간

1 브로콜리는 한입 크기로 썬다. 자몽은 양 끝을 제거해 칼로 껍질을 도려내듯 벗긴 후 속껍질 바로 옆에 칼날을 넣어 과육을 발라낸다.

2 푸룬은 4등분하고, 연어는 사방 2cm 크기로 썬다. 볼에 드레싱을 섞는다.

3 달군 팬에 올리브유, 브로콜리, 소금을 넣어 중간 불에서 3분간 볶은 후 덜어둔다.

4 팬을 닦은 후 다시 달궈 연어를 넣고 중약 불에서 5분간 굴려가며 굽는다.

5 그릇에 모든 재료를 담고 드레싱을 곁들인다.

샐러드

아보카도 달걀사라다

추억의 맛 옛날 사라다를 마요네즈 없이 만들었습니다. 아보카도를 더해 고소하고 부드러운 맛은 그대로, 더욱 건강하게 즐길 수 있지요.

kcal 262
eGL 3
나트륨(mg) 375

헬시에이징 식재료   아보카도   사과   달걀   브라질넛츠

⏱ 25~35분   🥣 2인분

- 삶은 달걀 3개
- 아보카도 1/2개(100g)
- 오이 1/4개(50g)
- 사과 1/4개(50g)
- 다진 브라질넛츠
  (또는 다른 다진 견과류) 1큰술
- 레몬즙 2큰술
- 크러시드 페퍼 1/3작은술
- 소금 약간
- 통후추 간 것 약간

1 오이, 사과는 사방 1cm 크기로 썰고, 삶은 달걀은 사방 2cm 크기로 썬다.

2 아보카도는 손질(89쪽)한 후 볼에 넣어 포크로 곱게 으깬다.

3 ②의 볼에 모든 재료를 넣고 가볍게 버무린다.

샐러드

kcal	189
eGL	10
나트륨(mg)	423

비트 사과샐러드

'빨간 무' 비트는 무보다 살짝 더 단단해서 씹는 식감이 좋지요.
다만, 특유의 흙맛이 거부감이 들 수 있으므로 상큼한 과일과 함께 먹길 추천합니다.

헬시에이징 식재료   비트   사과   피스타치오    로즈메리

⏱ 15~20분   🥣 2인분

- 비트 1/2개(200g)
- 사과 1/2개(100g)
- ★ 채소, 과일은 동량 대체 가능
- 다진 피스타치오 2큰술
  (또는 다른 다진 견과류)
- 레몬즙 1작은술
- 소금 1/4작은술

드레싱
- 레몬즙 2큰술
  (또는 칼라만시 원액 1큰술)
- 올리고당 2큰술
- 소금 1/2작은술
- 올리브유 2작은술
- 통후추 간 것 약간
- 다진 로즈메리 1/2줄기
  (또는 다른 다진 허브)

1 비트는 껍질을 벗긴 후 가늘게 채 썬다.
  사과는 1cm 두께로 채 썬다.

2 볼에 비트, 사과, 레몬즙, 소금을 넣고
  가볍게 버무린 후 10분간 둔다.

3 다른 볼에 드레싱을 섞는다.

4 모든 재료를 가볍게 버무린다.

컬러푸드 샐러드

다채로운 컬러로 눈과 입, 몸속까지 즐거운 무지개 샐러드입니다.
형형색색 과채를 골고루 넣어 피토케미컬의 항산화 효과를 높이세요.

샐러드
kcal 186
eGL 3
나트륨(mg) 190

헬시에이징 식재료   파프리카   아보카도  블루베리   이탈리안 파슬리

⏱ 15~20분   🍽 2인분

- 파프리카 1개(200g)
- 아보카도 1/2개(100g)
- 블루베리 1/2컵(50g)
- 어린잎 채소 1줌
  (또는 샐러드 채소, 20g)
- 소금 약간
- 통후추 간 것 약간

드레싱
- 레몬즙 1큰술
- 올리브유 1큰술
- 올리고당 1큰술
- 크러시드 페퍼 1/2작은술
- 다진 이탈리안 파슬리 1줄기
  (또는 말린 허브 가루)
- 소금 약간
- 통후추 간 것 약간

1 파프리카는 0.5cm 두께로 썰고, 아보카도는 손질(89쪽)한 후 한입 크기로 썬다.
2 볼에 드레싱을 섞는다.
3 달군 팬에 파프리카, 소금을 넣어 센 불에서 2분간 볶는다. 불을 끄고 통후추 간 것을 넣어 섞는다.
4 모든 재료를 가볍게 버무린다.

샐러드	
kcal	156
eGL	14
나트륨(mg)	215

도라지 명일엽 떡샐러드

항염·향균 효과가 뛰어난 도라지와 명일엽으로 만든 샐러드입니다.
한 그릇 비우면 어떠한 바이러스도 이겨낼 것 같지 않나요?
쌉싸래한 맛을 좋아한다면 입에 잘 맞을 겁니다.

헬시에이징 식재료  방울토마토  명일엽  도라지 들깻가루, 들기름

⏱ 25~30분   🍚 2인분

- 명일엽 1줌
  (또는 샐러드 채소, 50g)
- 현미 가래떡 50g
  (또는 떡국떡, 1/2컵)
- 도라지 2개(또는 더덕, 30g)
- 방울토마토 5개(75g)
- 들기름 1작은술
- 소금 약간

드레싱
- 들깻가루 2큰술
- 식초 3큰술
- 양조간장 1/2작은술
- 유자청 1작은술
- 올리고당 1작은술

1 도라지는 손질(88쪽)한 후 4cm 길이로 썬 다음 가늘게 채 썬다. 명일엽은 2cm 두께로 썬다.

2 방울토마토는 2등분하고, 현미 가래떡은 1cm 두께로 썬다. 볼에 드레싱을 섞는다.

3 달군 팬에 현미 가래떡을 넣고 중간 불에서 1분간 뒤집어가며 노릇하게 구운 후 그릇에 덜어둔다.

4 팬을 닦고 다시 달궈 들기름, 도라지, 소금을 넣어 중간 불에서 2분간 볶는다.

5 그릇에 모든 재료를 담고 드레싱을 곁들인다.

샐러드

kcal 359
eGL 10
나트륨(mg) 499

뿌리채소 견과샐러드

땅속 영양을 가득 머금은 뿌리채소는 맛도 영양도 으뜸이지요.
촉촉하게 익혀서 새콤한 드레싱을 곁들이면 별미가 따로 없답니다.

헬시에이징 식재료  당근  자색고구마 해바라기씨  홀그레인 머스터드 발사믹식초

⏱ 15~25분 🍽 2인분

- 뿌리채소 300g
  (당근, 자색고구마, 연근 등)
- 해바라기씨 1/4컵
  (또는 다른 견과류, 50g)
- 올리브유 1작은술
- 소금 약간
- 통후추 간 것 약간

드레싱
- 홀그레인 머스터드 1큰술
- 발사믹식초 1/2큰술
- 올리고당 1큰술
- 레몬즙 1작은술
- 올리브유 2작은술
- 소금 약간

1 뿌리채소는 필러로 껍질을 벗긴 후 0.5cm 두께로 썰고, 해바라기씨는 다진다.

2 내열용기에 뿌리채소, 올리브유, 소금, 통후추 간 것을 넣어 섞은 후 뚜껑을 덮어 전자레인지에서 4분간 익혀 한 김 식힌다.

3 볼에 드레싱을 섞는다.

4 그릇에 모든 재료를 담는다.

샐러드
kcal 206
eGL 3
나트륨(mg) 376

케일 적양배추샐러드

식이섬유가 풍부한 채소를 수북하게 담아 장 건강과 체중 조절에 효과적입니다.
노른자를 터뜨려서 채소에 버무려 먹으면 더욱 맛있습니다.

 헬시에이징 식재료   케일   적양배추   달걀   양파

⏱ 15~20분   🥣 2인분

- 쌈 케일 15장(75g)
- 적양배추 2장
  (손바닥 크기, 60g)
- ★ 채소는 동량 대체 가능
- 달걀 2개
- 그라나 파다노 치즈
  간 것 2큰술(또는
  파마산 치즈가루, 14g)
- 식용유 1/2큰술

드레싱
- 다진 양파 2큰술
- 레몬즙 2큰술
- 올리고당 1큰술
- 올리브유 1큰술
- 소금 1/2작은술
- 통후추 간 것 약간

1. 쌈 케일, 적양배추는 가늘게 채 썬다.
   볼에 드레싱을 섞는다.

2. 달군 팬에 식용유, 달걀을 넣고
   중약 불에서 1분 30초간 익힌다.
   ★ 취향에 따라 완숙으로 즐겨도 좋다.

3. 그릇에 쌈 케일, 적양배추를 담고
   달걀프라이를 올린 후 그라나 파다노 치즈 간 것을
   뿌린다. 드레싱을 곁들인다.

샐러드	
kcal	246
eGL	8
나트륨(mg)	472

통오징어 귀리샐러드

맛, 영양, 포만감 삼박자를 고루 갖춘 곡물 샐러드입니다.
재료 손질이 조금 번거롭지만 먹어보면 그 진가를 알게 된답니다.
오징어는 가위로 잘라서, 귀리는 숟가락으로 떠서 꼭꼭 씹어 드세요.

헬시에이징 식재료  오징어 방울토마토  케일 귀리 강황가루

⏱ 35~45분   🍽 2인분

- 귀리 1/3컵(40g)
- 오징어 1마리(240g)
- 방울토마토 8개(120g)
- 쌈 케일 10장
  (또는 샐러드 채소, 50g)
- 양파 1/4개(50g)
- 블랙올리브 8개(24g)

밑간
- 고춧가루 1작은술
- 강황가루 1/2작은술
- 올리브유 1작은술

드레싱
- 칼라만시 원액(또는 레몬즙) 1큰술
- 올리고당 1작은술
- 올리브유 1큰술
- 소금 약간
- 통후추 간 것 약간

1 냄비에 귀리, 물(3컵), 소금 약간을 넣어 센 불에서 끓어오르면 중간 불로 줄여 25분간 끓인 후 체에 밭쳐 한 김 식힌다.

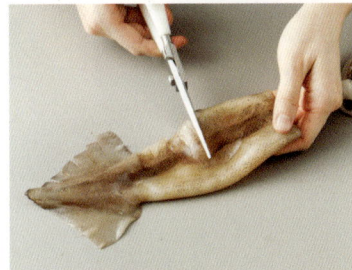

2 오징어는 손질(89쪽)한 후 몸통 양옆을 1cm 간격으로 잘라 모양을 낸다. 볼에 오징어, 밑간을 넣어 버무린다.

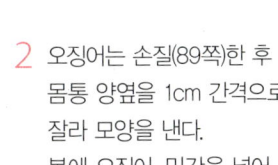

3 방울토마토는 4등분하고, 쌈 케일은 2등분한 다음 2cm 두께로 썬다. 양파는 가늘게 채 썰고, 블랙올리브는 2등분한다.

4 센 불로 달군 팬에 오징어를 넣고 중간 불로 줄여 4~5분간 뒤집어가며 구운 후 그릇에 담는다.

5 볼에 귀리, 방울토마토, 쌈 케일, 양파, 블랙올리브, 드레싱을 넣어 가볍게 섞은 후 ④의 그릇에 담는다.

샐러드

kcal	104
eGL	10
나트륨(mg)	225

마 토마토카프레제

치즈 대신 마를 사용해 소화를 돕고 아삭한 식감을 살렸습니다.
생 마가 부담스럽다면 살짝 구워 먹는 것도 좋습니다.

헬시에이징 식재료 — 토마토  키위   양파   발사믹식초

⏱ 15~20분   🍲 2인분

- 마 지름 5cm, 길이 5cm(75g)
- 어린잎 채소 1줌(또는 샐러드 채소, 20g)
- 토마토 1개(150g)

드레싱
- 키위 1개(90g)
- 다진 양파 1큰술
- 발사믹식초 2큰술
- 올리브유 1작은술
- 소금 약간
- 통후추 간 것 약간

1 마는 위생장갑을 끼고 필러로 껍질을 벗긴 후 0.5cm 두께로 썬다.
　★ 마는 맨손으로 만지면 가려움증을 유발하므로 위생장갑을 끼고 손질한다.
2 토마토는 1cm 두께로 썰고, 키위는 사방 0.5cm 크기로 썬다.
3 볼에 드레싱을 섞는다.
4 그릇에 모든 재료를 담는다. ★ 마는 구워 먹어도 좋다.

tip → 마를 다른 재료로 대체하기
동량(75g)의 연근, 고구마로 대체해도 좋다. 껍질을 벗긴 후 달군 팬에 식용유 약간과 함께 넣어 중간 불에서 앞뒤로 각각 2분씩 굽는다. 과정 ②부터 진행한다.

샐러드

갈릭마요 닭가슴살샐러드

체중 조절을 할 때면 찾게 되는 닭가슴살. 그냥 먹기에 퍽퍽하다면 저열량 드레싱을 곁들여 칼로리 부담 없이 즐기세요.

kcal	270
eGL	6
나트륨(mg)	262

 헬시에이징 식재료    닭가슴살   비트  마늘   해바라기씨   그릭 요구르트

⏱ 20~25분   🥣 2인분

- 봄동 10장(또는 알배기배추 약 3장, 100g)
- 닭가슴살 2쪽(200g)
- 비트 1/10개(40g)
- 해바라기씨 1큰술 (또는 다른 다진 견과류)
- 레몬즙 1작은술
- 소금 약간
- 통후추 간 것 약간

밑간
- 다진 마늘 1/2큰술
- 청주 2큰술
- 올리브유 1작은술
- 통후추 간 것 약간

드레싱
- 떠먹는 그릭 요구르트 1통(85g)
- 하프 마요네즈 2큰술
- 꿀 1작은술
- 소금 약간
- 통후추 간 것 약간

1 닭가슴살은 1cm 두께로 썬 후 밑간과 버무린다.

2 비트는 껍질을 벗긴다. 봄동, 비트는 0.5cm 두께로 썬 후 레몬즙, 소금, 통후추 간 것과 버무린다.

3 볼에 드레싱을 섞는다.

4 달군 팬에 닭가슴살을 넣고 중간 불에서 뒤집어가며 3분간 굽는다.

5 그릇에 모든 재료를 담는다.

면

kcal 314
eGL 25
나트륨(mg) 1103

토마토 고추장 황태 비빔국수

매콤 짭조름한 양념이 매력적인 비빔국수. 다만, 먹고 나면 갈증이 날 정도로 양념의 나트륨 함량이 높다는 단점이 있지요. 식후 나트륨 배출을 돕기 위해 칼륨이 풍부한 토마토를 듬뿍 넣은 양념장을 개발했습니다.

| 헬시에이징 식재료 | 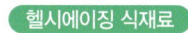 메밀면 |  토마토 | 적양배추 | 황태 |  김 |

⏱ 25~35분 🍽 2인분

- 메밀면 2줌(100g)
- 적양배추 2장
  (또는 양배추, 손바닥 크기, 60g)
- 황태채 1컵(20g)
- 조미김 부순 것 1장
  (A4용지 크기)

토마토 고추장
- 토마토 1/2개
  (또는 방울토마토 5개, 75g)
- 마늘 2쪽(10g)
- 청양고추 1개(기호에 따라 가감)
- 식초 2큰술
- 고추장 2큰술
- 참기름 1/2큰술
- 양조간장 2작은술
- 올리고당 2작은술

1 메밀면 삶을 물(5컵) + 소금(1작은술)을 끓인다. 황태채는 먹기 좋은 크기로 자른 후 미지근한 물에 적셔 물기를 꼭 짠다.

2 적양배추는 가늘게 채 썬다. 믹서에 토마토 고추장 재료를 넣고 곱게 간다.

3 ①의 끓는 물에 메밀면을 넣고 포장지에 적힌 시간대로 삶은 후 헹궈 물기를 뺀다.

4 그릇에 모든 재료를 담는다.

면

kcal	375
eGL	19
나트륨(mg)	920

알파파싹 돼지고기비빔면

바삭하게 볶은 돼지고기와 쌉싸래한 알파파싹을 함께 비벼 먹는 이색적인 메뉴입니다. 유자청이나 매실청으로 새콤달콤한 맛을 더하세요.

헬시에이징 식재료 메밀면   돼지고기 안심   알파파싹   양파   호두

⏱ 25~35분   🍽 2인분

- 메밀면 2줌
  (또는 실곤약 2컵, 100g)
- 돼지고기 안심 100g
  (또는 통조림 닭가슴살)
- 알파파싹 30g
  (또는 어린잎 채소 1줌)
- 깻잎 10장
  (또는 쌈 채소, 20g)
- 다진 호두(또는
  다른 다진 견과류) 1큰술
- 식초 1큰술
- 올리고당 1작은술
- 식용유 1작은술

양념
- 다진 양파 2큰술
- 양조간장 1과 1/2큰술
- 생수 1큰술
- 맛술 1큰술
- 유자청(또는 매실청) 1/2큰술
- 후춧가루 약간
- 참기름 약간

1. 볼에 양념을 섞는다. 돼지고기 안심은 0.5cm 두께로 썬 후 양념 2큰술과 버무린다.
2. 메밀면 삶을 물(5컵) + 소금(1작은술)을 끓인다. 깻잎은 2등분한 후 채 썬다.
3. 달군 냄비에 식용유, 돼지고기 안심을 넣어 중간 불에서 3분간 노릇하게 볶는다.
4. ②의 끓는 물에 메밀면을 넣고 포장지에 적힌 시간대로 삶은 후 헹궈 물기를 뺀다.
5. 볼에 알파파싹, 깻잎, 식초, 올리고당을 넣어 버무린다.
6. ①의 남은 양념에 메밀면을 버무린다. 그릇에 모든 재료를 담는다.

면	
kcal	279
eGL	23
나트륨(mg)	593

사천풍 채식짜장면

먹고 나면 속이 더부룩한 짜장면을 담백하게 만들었습니다.
짜장가루를 물에 갠 후 사용해 기름진 맛이 나지 않고 조리도 간편하지요.

헬시에이징 식재료  메밀면   양파    적양배추   새송이버섯

⏱ 25~35분   🥣 2인분

- 메밀면 2줌
  (또는 실곤약 2컵, 100g)
- 양파 1/2개(100g)
- 적양배추 3장(손바닥 크기, 90g)
- 애호박 1/3개(90g)
- 새송이버섯 1개(80g)
- ★ 채소는 동량 대체 가능
- 시판 짜장가루 2큰술
- 물 1컵(200㎖)
- 고추기름 1큰술
- 고춧가루 1/2큰술
- 소금 약간

1. 메밀면 삶을 물(5컵) + 소금(1작은술)을 끓인다.
2. 양파, 적양배추, 애호박, 새송이버섯은 사방 1cm 크기로 썬다.
3. 볼에 짜장가루, 물을 섞는다.
4. ①의 끓는 물에 메밀면을 넣고 포장지에 적힌 시간대로 삶은 후 헹궈 물기를 뺀다.
5. 달군 팬에 고추기름, 양파, 적양배추, 고춧가루를 넣어 센 불에서 2분, 애호박, 새송이버섯, 소금을 넣고 중간 불로 줄여 2분간 볶는다.
6. ③의 짜장물을 넣고 2분간 저어가며 끓인 후 불을 끈다. 그릇에 모든 재료를 담는다.

면

kcal 326
eGL 27
나트륨(mg) 906

해물 짬뽕쌀국수

밀가루면 대신 부드러운 쌀면으로 만들어 국물 맛이 깔끔하고 소화도 잘 됩니다. 매콤한 면 요리가 생각날 때 제격이지요.

| 헬시에이징 식재료 |  오징어 |  굴 | 당근 |  부추 | 마늘 |

⏱ 30~40분　🥣 2인분

- 오징어 1/2마리(120g)
- 쌀국수 2줌(100g)
- 굴 1/2컵
  (또는 조갯살, 홍합, 100g)
- 알배기배추 2장
  (또는 양배추, 손바닥 크기, 60g)
- 당근 1/7개(30g)
- 부추 1/2줌
  (또는 쪽파, 대파, 25g)
- 다시마 5×5cm 3장
- 고춧가루 1큰술
- 고추기름 1작은술
- 물 4컵(800㎖)

양념
- 다진 마늘 1/2큰술
- 소금 1/2작은술
- 국간장 1작은술
- 후춧가루 약간

1 쌀국수는 미지근한 물에 담가 30분간 불린 후 물기를 뺀다. 오징어는 손질(89쪽)한 후 몸통은 1cm 두께로 썰고, 다리는 4cm 길이로 썬다.

2 굴은 체에 밭쳐 소금물에 흔들어 씻은 후 물기를 뺀다.

3 알배기배추는 길이로 2등분한 후 1cm 두께로 썰고, 당근은 0.5cm 두께로 채 썬다. 부추는 4cm 길이로 썬다.

4 달군 냄비에 고추기름, 알배기배추, 당근을 넣어 센 불에서 1분, 오징어, 고춧가루를 넣고 1분간 볶는다.

5 물, 다시마, 양념을 넣고 끓어오르면 중간 불로 줄여 10분간 끓인 후 다시마를 건진다. 굴을 넣고 끓어오르면 1분간 끓인다.

6 쌀국수, 부추를 넣고 30초간 끓인다.

tip → 덜 맵게 즐기기
고추기름은 동량의 식용유로 대체하고, 고춧가루는 제외한다. 이때, 국간장으로 부족한 간을 더한다.

면

kcal	440
eGL	24
나트륨(mg)	936

병아리콩국수

콩국수의 맛은 콩국물이 좌우하지요. 병아리콩을 갈아 만든 콩국물은 백태보다 고소한 맛이 진합니다. 한입 들이키고 나면 감탄사가 절로 나오지요.

헬시에이징 식재료 — 병아리콩   메밀면   달걀   토마토   브라질넛츠

⏱ 30~40분
(+ 병아리콩 익히기 6~7시간)
🥣 2인분

- 메밀면 2줌
  (또는 실곤약,
  우뭇가사리 2컵, 100g)
- 삶은 달걀 1개
- 토마토 1/2개(75g)
- 오이 1/4개(50g)
- ★ 채소는 동량 대체 가능

콩국물
- 삶은 병아리콩 1컵
  (320g, 88쪽 참고)
- 브라질넛츠 4개
  (또는 다른 견과류, 20g)
- 통깨 1큰술
- 소금 1/3큰술
- 올리고당 1작은술
- 생수 2와 1/2컵(500㎖)

1. 믹서에 콩국물 재료를 넣고 1분간 곱게 갈아 냉장실에 차게 둔다.
2. 메밀면 삶을 물(5컵) + 소금(1작은술)을 끓인다.
3. 토마토는 4등분하고, 오이는 채 썬다. 삶은 달걀은 2등분한다.
4. ②의 끓는 물에 메밀면을 넣고 포장지에 적힌 시간대로 삶은 후 헹궈 물기를 뺀다.
5. 그릇에 면, 오이, 토마토, 삶은 달걀을 넣고 콩국물을 붓는다.

연두부 조개국수

조개 속 타우린 성분은 혈중 콜레스테롤 수치를 낮추는데 탁월하지요.
깔끔하게 끓인 연두부 조개국수로 혈관 건강을 챙기세요.

면
kcal 278
eGL 23
나트륨(mg) 971

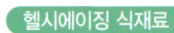 헬시에이징 식재료   모시조개   바지락   두부   메밀면   양파

⏱ 30~40분 🥣 2인분

- 해감 조개 1봉지
  (모시조개, 바지락 등, 200g)
- 생식 두부 1팩
  (또는 연두부, 140g)
- 메밀면 2줌(100g)
- 양파 1/4개(50g)
- 청양고추 1개(기호에 따라 가감)
- 청주 1작은술
- 국간장 1/2작은술
- 후춧가루 약간
- 물 3컵(600㎖)

1 해감 조개는 맑은 물이 나올 때까지 씻은 후 물기를 뺀다.
   양파는 0.5cm 두께로 썰고, 청양고추는 송송 썬다.

2 달군 냄비에 조개, 청주를 넣고 센 불에서 1분간 볶은 후
   양파, 물, 국간장, 후춧가루를 넣고 끓어오르면
   중간 불로 줄여 5분간 끓인다.

3 청양고추, 생식 두부를 한입 크기로
   떠 넣고 3분간 끓인다.

4 메밀면 삶을 물(5컵) + 소금(1작은술)을 끓인다.

5 ④의 끓는 물에 메밀면을 넣고 포장지에 적힌 시간대로
   삶은 후 헹궈 물기를 뺀다.

6 그릇에 메밀면을 담고 국물을 붓는다.
   ★ 국물이 식었다면 한번 더 끓인 후 붓는다.

면
kcal 275
eGL 16
나트륨(mg) 562

들깨 미역수제비

고소한 맛에 한 그릇을 금세 비우게 되는 수제비.
반죽에 들기름과 들깻가루를 넣은 것이 핵심이지요.
버섯과 미역을 푸짐하게 넣어 든든하게 먹을 수 있답니다.

헬시에이징 식재료    표고버섯   미역    마늘   들기름, 들깻가루

🕐 30~40분   🥣 2인분

- 표고버섯 4개
  (또는 다른 버섯, 100g)
- 마른 미역 1줌(5g)
- 들기름(또는 참기름) 1작은술
- 다진 마늘 1큰술
- 국간장 2작은술
- 들깻가루 2큰술
- 물 4컵(800㎖)

반죽
- 통밀가루 1컵(100g)
- 들깻가루 1큰술
- 생수 5큰술
- 소금 1/4작은술
- 들기름 1작은술

1 볼에 들기름을 제외한 반죽 재료를 넣어 한 덩어리가 될 때까지 치댄다. 들기름을 넣고 표면이 매끄러워질 때까지 반죽한 후 위생팩에 넣어 냉장실에 둔다.

2 마른 미역은 잠길 만큼의 물에 담가 10분간 불린다. 거품이 나오지 않을 때까지 주물러 씻어 물기를 짠 후 2cm 두께로 썬다.

3 표고버섯은 2등분한 후 0.5cm 두께로 썬다.

4 달군 냄비에 들기름, 다진 마늘, 미역을 넣고 중간 불에서 2분, 표고버섯을 넣고 1분간 볶는다.

5 물, 국간장을 넣어 중간 불에서 10분간 끓인 후 약한 불로 줄여 ①의 반죽을 한입 크기로 얇게 뜯어 넣는다.

6 들깻가루를 넣고 중간 불에서 2분간 끓인다.

훈제오리파스타

kcal 363
eGL 27
나트륨(mg) 335

오리고기는 스파게티의 주재료인 베이컨의 훌륭한 대체 재료입니다.
오리고기에서 나온 건강한 기름이 스파게티의 간을 맞추고 풍미를 더하기 때문이지요.

헬시에이징 식재료   브로콜리   표고버섯   오리고기   마늘

⏱ 35~45분   🍲 2인분

- 통밀 스파게티 2줌(120g)
- 브로콜리 1/3개(100g)
- 표고버섯 4개
  (또는 다른 버섯, 100g)
- 훈제오리 100g
- 마늘 5쪽(25g)
- 스파게티 삶은 물 1/2컵(100㎖)
- 소금 약간
- 통후추 간 것 약간

양념
- 양조간장 2작은술
- 맛술 2작은술

1 통밀 스파게티 삶을 물(5컵) + 소금(1작은술)을 끓인다.

2 브로콜리는 한입 크기로 썰고, 표고버섯은 1cm 두께로 썬다.
  마늘은 편 썰고, 훈제오리는 한입 크기로 썬 후
  체에 밭쳐 뜨거운 물을 부어 기름기를 뺀다.

3 ①의 끓는 물에 통밀 스파게티를 넣고 포장지에 적힌 시간에서
  1분을 제외하고 삶은 후 물기를 뺀다.
  이때, 스파게티 삶은 물 1/2컵은 덜어둔다. 볼에 양념을 섞는다.

4 달군 팬에 훈제오리, 마늘을 넣고 중간 불에서 2분,
  브로콜리, 표고버섯, 소금을 넣고 1분간 볶는다.

5 통밀 스파게티, 양념, ③의 스파게티 삶은 물을 넣고
  센 불에서 1분간 볶은 후 불을 끄고 통후추 간 것을 섞는다.

kcal	404
eGL	27
나트륨(mg)	885

면

카레 메밀국수

카레 우동 스타일로 만든 메밀국수입니다. 우동면 대신 메밀면을 사용해 씹을수록 고소한 맛이 나지요. 고구마의 전분기로 걸쭉한 국물과 진한 맛을 냈습니다.

헬시에이징 식재료 메밀면  돼지고기 안심  자색고구마 양파 강황가루

⏱ 30~40분   🥣 2인분

- 메밀면 2줌(100g)
- 돼지고기 안심 100g
  (또는 닭가슴살 1쪽, 쇠고기 샤부샤부용)
- 자색고구마 1/2개(100g)
- 양배추 2장(손바닥 크기, 또는 적양배추, 60g)
- 양파 1/4개(50g)
- 쪽파 2줄기
  (또는 대파 10cm, 16g)
- 식용유 1작은술
- 소금 약간

양념
- 카레가루 2큰술
- 강황가루 2작은술
- 양조간장 1작은술
- 물 4컵(800㎖)

1. 돼지고기 안심은 키친타월로 핏물을 제거한 후 0.5cm 두께로 썬다.
2. 자색고구마, 양배추, 양파는 0.5cm 두께로 썰고, 쪽파는 송송 썬다.
3. 볼에 양념을 섞는다.
4. 깊은 팬을 달궈 식용유, 돼지고기 안심을 넣어 중간 불에서 2분, 자색고구마, 양배추, 양파, 소금을 넣고 2분간 볶는다.
5. 양념을 넣고 끓어오르면 5분간 끓인 후 메밀면을 넣고 5분간 더 끓인다.
6. 그릇에 모든 재료를 담는다.

면	
kcal	312
eGL	22
나트륨(mg)	773

토마토 낫토 냉소바

간장과 맛 궁합이 좋은 낫토. 좀 더 상큼하게 먹고 싶다면 레몬간장 소스를 곁들여보세요. 냉장고에 넣었다가 차갑게 먹으면 더욱 맛있답니다.

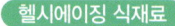 헬시에이징 식재료 ···· 토마토 낫토 메밀면   양파

⏱ 20~30분   🍲 2인분

- 토마토 1개
  (또는 방울토마토 10개, 150g)
- 메밀면 2줌(100g)
- 낫토 2팩(100g)
- 양파 1/4개(50g)

레몬간장 소스
- 양조간장 1큰술
- 레몬즙 2작은술
- 올리고당 2작은술
- 연겨자 1/2작은술(기호에 따라 가감)
- 후춧가루 약간

1. 메밀면 삶을 물(5컵) + 소금(1작은술)을 끓인다.
2. 토마토는 사방 1.5cm 크기로 썬다.
   양파는 가늘게 채 썬 후 찬물에 10분간 담가 매운맛을 제거한다.
3. ①의 끓는 물에 메밀면을 넣고 포장지에 적힌 시간대로 삶은 후 헹궈 물기를 뺀다.
4. 낫토는 실이 생기도록 젓는다.
   볼에 레몬간장 소스를 섞는다.
5. 그릇에 모든 재료를 담는다.

면	
kcal	412
eGL	29
나트륨(mg)	352

가지 두유파스타

생크림을 넣지 않고 두유로 만든 담백한 크림파스타입니다. 가지와 버섯을 구워 감칠맛과 풍미를 더하고, 가지 속 지용성 비타민의 흡수를 높였지요.

헬시에이징 식재료  가지 · 양송이버섯 · 이탈리안 파슬리

🕐 25~35분 🥣 2인분

- 가지 1개(150g)
- 통밀 스파게티 2줌(140g)
- 양송이버섯 4개
  (또는 다른 버섯, 80g)
- 올리브유 1/2큰술 + 1/2큰술
- 무가당 두유 2컵
  (또는 저지방 우유, 400㎖)
- 그라노 파다노 치즈 간 것 2큰술
- 소금 약간
- 통후추 간 것 약간
- 다진 이탈리안 파슬리 1작은술
  (또는 다른 다진 허브)

1. 통밀 스파게티 삶을 물(5컵) + 소금(1작은술)을 끓인다.
2. 가지는 3등분한 후 길이로 4~6등분한다. 양송이버섯은 0.5cm 두께로 썬다.
3. 달군 팬에 가지, 양송이버섯을 넣어 센 불에서 2분간 볶는다. 올리브유 1/2큰술, 소금, 통후추 간 것을 넣어 가볍게 섞고 덜어둔다.
4. ①의 끓는 물에 통밀 스파게티를 넣고 포장지에 적힌 시간에서 2분을 제외하고 삶은 후 물기를 뺀다.
5. 달군 팬에 올리브유 1/2작은술, 통밀 스파게티를 넣어 중간 불에서 30초, 두유, ③을 넣고 1분, 그라노 파다노 치즈 간 것, 통후추 간 것, 다진 이탈리안 파슬리를 넣고 1분간 볶는다.

면
kcal 411
eGL 18
나트륨(mg) 157

아보카도 크림파스타

아보카도는 크리미한 질감 덕분에 으깨서 소스로 활용하기 좋습니다.
생크림을 사용하지 않아도 고소하고 부드러운 맛을 그대로 느낄 수 있지요.

| 헬시에이징 식재료 | 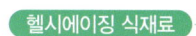 아보카도 |  파프리카 |  방울토마토 |  마늘 |  이탈리안 파슬리 |

🕐 25~35분   🥣 2인분

- 아보카도 1개(200g)
- 통밀 푸실리 2컵
 (또는 다른 파스타, 120g)
- 파프리카 1/2개(100g)
- 방울토마토 5개(75g)
- 다진 이탈리안 파슬리
 (또는 다른 허브) 1작은술
- 그라노 파다노 치즈 간 것
 1/2큰술(또는 파마산
 치즈가루 1큰술)

양념
- 소금 1/4작은술
- 다진 마늘 1/2작은술
- 레몬즙 2작은술
 (또는 칼라만시 원액 1작은술)
- 통후추 간 것 약간

1 통밀 푸실리 삶을 물(5컵)
+ 소금(1작은술)을 끓인다.
아보카도는 손질(89쪽)한 후
볼에 담아 포크로 으깬다.
★ 아보카도가 완전히 익어야
부드럽게 으깨진다.

2 ①의 끓는 물에 통밀 푸실리를
넣고 포장지에 적힌 시간대로
삶은 후 체에 밭쳐 한 김 식힌다.

3 파프리카는 0.5cm 두께로 썰고,
방울토마토는 2등분한다.

4 ①의 볼에 양념을 섞은 후
나머지 재료를 모두 섞는다.

보양식	
kcal	251
eGL	10
나트륨(mg)	301

봄 봄나물 오리냉채와 밀쌈

몸이 나른한 봄에는 향긋한 봄나물이 보약이지요.
밀전병에 훈제오리와 나물을 함께 돌돌 말아
봄의 에너지를 듬뿍 섭취하세요.

헬시에이징 식재료  오리고기  키위  알파파싹 들깻가루 들기름 홀그레인 머스터드

⏱ 30~40분　🍽 2인분

- 훈제오리 200g
- 키위 1개(또는 자몽 1/3개, 90g)
- 참나물 1줌
  (또는 미나리, 봄동, 50g)
- 알파파싹 1/2줌
  (또는 새싹 채소, 10g)
- 식용유 1작은술

양념
- 양조간장 1작은술
- 홀그레인 머스터드 1작은술
- 올리고당 1작은술
- 들기름 1작은술(또는 참기름)

밀전병 반죽
- 통밀가루 5큰술
- 들깻가루 1큰술
- 물 4큰술
- 소금 약간
- 들기름 약간

1. 훈제오리는 한입 크기로 썬 후 체에 밭쳐 뜨거운 물을 부어 기름기를 뺀다.

2. 참나물은 지저분한 잎을 제거하고 3cm 길이로 썬다. 키위는 1cm 두께로 썬다.

3. 볼에 양념을 섞은 후 참나물을 무친다. 다른 볼에 밀전병 반죽을 섞는다.

4. 달군 팬에 식용유를 두르고 키친타월로 펴 바른 후 밀전병 반죽 1큰술씩을 올려 얇게 편다. 약한 불에서 30초간 구운 후 가장자리가 뜨면 뒤집어서 10초간 더 굽는다.

5. 팬을 닦고 다시 달군 후 훈제오리를 넣어 중간 불에서 1분간 뒤집어가며 굽는다. 그릇에 모든 재료를 담는다.

tip — 밀전병 대체하기
구운 또띠야, 쌈 채소, 쌈무로 대체해도 좋다.

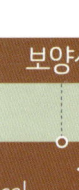

보양식

kcal 180
eGL 9
나트륨(mg) 1020

봄 미나리 조개찜

조갯살과 미나리를 새콤한 와사비 초고추장에 찍어 먹는 찜요리입니다.
봄철 입맛 살리는 별미로 이만한 음식이 없지요.

헬시에이징 식재료   바지락   모시조개   마늘

⏱ 25~35분   🍲 2인분

- 해감 조개 2봉(바지락, 모시조개, 400g)
- 미나리 1줌(또는 숙주 1과 1/2줌, 70g)
- 마늘 5쪽(25g)
- 청주 1/4컵(50㎖)
- 통후추 간 것 약간

와사비 초고추장
- 식초 1작은술
- 올리고당 1작은술
- 고추장 1작은술
- 연와사비 1/2작은술 (기호에 따라 가감)
- 통깨 약간

1 해감 조개는 맑은 물이 나올 때까지 씻은 후 물기를 뺀다.
2 미나리는 지저분한 잎을 제거하고 5cm 길이로 썬다. 마늘은 편 썬다.
3 볼에 와사비 초고추장을 섞는다.
4 깊은 팬을 달궈 조개, 마늘, 청주를 넣고 뚜껑을 덮어 중간 불에서 7분간 찐 후 불을 끈다.
   ★ 청주를 넣으면 조개의 비린 맛을 없앨 수 있다.
5 미나리, 통후추 간 것을 넣고 뚜껑을 덮어 5분간 뜸을 들인다.
6 그릇에 담고 와사비 초고추장을 곁들인다.

보양식

kcal 314
eGL 7
나트륨(mg) 195

봄 **두부 소보로피자**

상큼한 과일 토핑으로 춘곤증을 날리고 활력을 채워보세요.
치즈 대신 두부를 사용해 칼로리 걱정도 덜었습니다.

헬시에이징 식재료   블루베리  키위   두부  호두 발사믹식초

⏱ 20~30분 🍽 2인분

- 통밀 또띠야 2장
- 과일(딸기, 블루베리, 키위 등) 200g
- 두부 큰 팩 1/2모 (부침용, 150g)
- 어린잎 채소 1과 1/2줌 (또는 샐러드 채소, 30g)
- 소금 약간
- 통후추 간 것 약간

드레싱
- 다진 양파 2큰술
- 다진 호두(또는 다른 다진 견과류) 2큰술
- 발사믹식초 1큰술
- 올리브유 1큰술
- 소금 약간

1 두부는 키친타월로 감싸 물기를 제거한 후 볼에 담아 으깬다. 소금, 통후추 간 것을 넣고 섞는다.
2 과일은 한입 크기로 썬다.
3 달군 팬에 통밀 또띠야를 넣고 중약 불에서 앞뒤로 각각 30초씩 굽는다.
4 볼에 드레싱을 섞은 후 과일, 어린잎 채소와 버무린다.
5 통밀 또띠야에 두부, ④를 나눠 올린다.
★ 돌돌 말아 랩으로 즐겨도 좋다.

보양식	
kcal	470
eGL	3
나트륨(mg)	280

여름 당귀잎무침과 장어구이

향긋한 당귀잎을 양념에 조물조물 무쳤어요.
고단백 식품인 장어와 함께 먹으면 여름철 무더위를 거뜬히 이길 수 있답니다.

헬시에이징 식재료  당귀잎

⏱ 25~30분 🍲 2인분

- 손질 장어 1마리(300g)
- 당귀잎 1줌
  (또는 부추, 참나물, 50g)
- 감자전분 4큰술
- 식용유 2큰술
- 소금 약간
- 후춧가루 약간

양념
- 식초 1큰술
- 매실청(또는 올리고당) 1큰술
- 고춧가루 2작은술
- 소금 약간
- 후춧가루 약간
- 참기름 약간

1 장어는 2cm 두께로 썬 후 소금, 후춧가루를 뿌린다.

2 당귀잎은 지저분한 잎을 제거한 후 2cm 길이로 썬다. 볼에 양념을 섞는다.

3 ②의 양념에 당귀잎을 무친다.

4 위생팩에 장어, 감자전분을 넣고 흔들어가며 꼭꼭 눌러 묻힌다.

5 달군 팬에 식용유, 장어를 넣고 4~5분간 뒤집어가며 굽는다. 그릇에 모든 재료를 담는다.

보양식

kcal	221
eGL	7
나트륨(mg)	354

여름 연어스테이크 샐러드

연어를 홀그레인 머스터드로 밑간해 바삭하게 구웠습니다. 향긋한 허브인 딜과 그릭 요구르트로 만든 드레싱을 곁들여 이국적인 맛을 느낄 수 있지요.

헬시에이징 식재료 — 연어   그릭 요구르트   양파   홀그레인 머스터드   딜

⏱ 20~30분 🍲 2인분

- 연어 2토막
  (또는 닭가슴살, 200g)
- 오이 1/2개(100g)
- 양파 1/4개(50g)

밑간
- 홀그레인 머스터드 1작은술
- 소금 약간
- 통후추 간 것 약간

드레싱
- 다진 딜 1줄기(또는 말린 허브가루 1/2작은술)
- 떠먹는 그릭 요구르트 1통(85g)
- 레몬즙 1큰술
- 올리고당 1큰술
- 소금 1/4작은술
- 올리브유 2작은술
- 통후추 간 것 약간

1. 밑간을 섞은 후 연어에 바른다.
2. 양파는 가늘게 채 썬 후 찬물에 10분간 담가 매운맛을 뺀다.
3. 오이는 길이로 2등분한 후 모양대로 얇게 썬다.
4. 달군 팬에 연어를 올려 약한 불에서 앞뒤로 각각 2분씩 구운 후 그릇에 덜어둔다.
5. 볼에 드레싱을 섞은 후 오이, 양파와 버무려 ④의 그릇에 담는다.

여름 **수삼 누룽지삼계탕과 부추무침**　　　　　　　　　보양식

닭가슴살만 사용해 기름기를 줄이고
담백하게 개발했습니다. 입안 가득 퍼지는
수삼의 깊고 진한 풍미가 일품이지요.

kcal	343
eGL	32
나트륨(mg)	376

헬시에이징 식재료

 닭가슴살　 현미　 부추　 수삼　마늘

⏱ 35~45분　🍽 2인분

- 닭가슴살 2쪽(200g)
- 현미 누룽지 100g
  (또는 삶은 퀴노아 1/2컵)
- 수삼 1뿌리
  (30g, 생략 가능)
- 대파 20cm
- 국간장 1작은술
- 소금 약간

국물
- 양파 1/4개
- 마늘 5쪽(25g)
- 대파 10cm
- 통후추 1작은술
- 물 5컵(1ℓ)

부추무침
- 부추 1줌
  (또는 파프리카, 오이, 쪽파 등, 50g)
- 고춧가루 1작은술
- 식초 1작은술
- 올리고당 1작은술
- 소금 약간
- 참기름 약간

1. 냄비에 닭가슴살, 국물 재료를 넣고 센 불에서 끓어오르면 약한 불로 줄여 20분간 끓인 후 체에 밭쳐 한 김 식힌다. ★ 완성된 국물의 양은 4컵(800㎖)이며 부족한 경우 물을 더한다.
2. 닭가슴살은 먹기 좋은 크기로 찢는다.
3. 수삼은 조리용 솔로 문질러 씻는다.
4. 수삼, 대파는 송송 썰고, 부추는 4cm 길이로 썬다.
5. 볼에 부추무침 재료를 섞는다.
6. 냄비에 대파, ⑤를 제외한 모든 재료를 넣고 센 불에서 끓어오르면 약한 불로 줄여 3분간 끓인 후 대파를 넣고 불을 끈다. 부추무침을 곁들인다.

보양식	
kcal	302
eGL	21
나트륨 (mg)	1357

가을 얼큰 해물 사골탕면

가을은 맛과 영양이 좋은 해산물을 푸짐하게 먹을 수 있는 계절입니다. 특히 오징어와 전복은 단백질이 풍부해 가을철 기력 보충에 효과적이지요.

| 헬시에이징 식재료 |  오징어 전복 메밀면  표고버섯 |

⏱ 40~50분 🍲 2인분

- 오징어 1/2마리(120g)
- 전복 2마리(100g)
- ★ 해산물 동량 대체 가능
- 메밀면 2줌(100g)
- 표고버섯 2개
  (또는 다른 버섯, 50g)
- 대파 20cm
- 청양고추 1개(기호에 따라 가감)
- 소금 1/4작은술
- 국간장 1작은술
- 후춧가루 약간
- 시판 사골국물 2컵(무염, 400㎖)
- 물 2컵(400㎖)

1 표고버섯은 1cm 두께로 썰고, 대파, 청양고추는 송송 썬다.

2 전복은 손질(89쪽)한 후 0.5cm 두께로 썰고, 껍데기는 따로 둔다. 오징어는 손질(89쪽)한 후 1cm 두께로 썬다.

3 냄비에 전복 껍데기, 표고버섯, 사골국물, 물을 넣고 센 불에서 끓어오르면 약한 불로 줄여 5분간 끓인 후 껍데기를 건진다.
  ★ 전복 껍데기를 넣으면 맛이 더 깊어진다.

4 오징어, 전복, 대파, 청양고추, 소금, 국간장, 후춧가루를 넣고 중간 불에서 끓어오르면 5분간 끓인다. 다른 냄비에 메밀면 삶을 물(5컵) + 소금(1작은술)을 끓인다.

5 ④의 끓는 물에 메밀면을 넣고 포장지에 적힌 시간대로 삶은 후 헹궈 물기를 뺀다.

6 그릇에 메밀면을 담고 ④의 국물을 붓는다.
  ★ 국물이 식었다면 다시 끓여도 좋다.

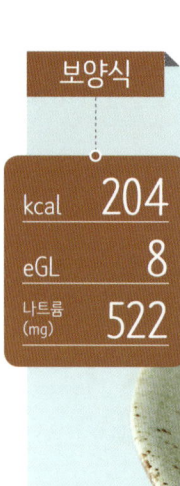

보양식	
kcal	204
eGL	8
나트륨(mg)	522

가을 닭가슴살 무찜

가을 무는 일년 중 가장 달고 맛있지요. 심심한 양념에 조려
무 본연의 맛은 살리고 나트륨 섭취를 줄였습니다.

헬시에이징 식재료 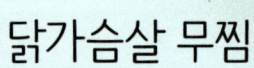 닭가슴살　 무　 당근　 대추　 마늘

⏱ 40~50분　🍽 2인분

- 닭가슴살 2쪽(또는 돼지고기 안심, 200g)
- 무 지름 10cm, 두께 1cm 2토막(200g)
- 당근 1/4개(50g)
- 묵곤약 100g
- 말린 대추 5개(25g)
- 물 2컵(400㎖)

양념
- 다진 파 1큰술
- 다진 마늘 1/2큰술
- 양조간장 1과 1/2큰술
- 청주 1큰술
- 올리고당 1/2큰술
- 참기름 1작은술
- 후춧가루 약간

1　묵곤약 데칠 물(2컵)을 끓인다.
　　닭가슴살은 한입 크기로 썬 후
　　양념과 버무려 10분간 재운다.

2　무는 열십(+)자로 4등분한다.
　　당근은 1cm 두께로 썬 후 2등분한다.

3　묵곤약은 1cm 두께로 썬다.
　　①의 끓는 물에 묵곤약을 넣고 센 불에서
　　1분간 데친 후 찬물에 헹궈 물기를 뺀다.

4　냄비에 닭가슴살, 무, 당근, 묵곤약, 말린 대추,
　　물을 넣고 센 불에서 끓어오르면
　　뚜껑을 덮고 중약 불로 줄여 20분간 찐다.

가을 도라지 곤약잡채

환절기에 감기 기운이 돌면 평소에 왕성하던 식욕도 떨어지기 마련입니다.
향긋한 도라지로 입맛을 되찾고 기관지 건강도 챙기세요.

보양식
kcal 146
eGL 8
나트륨(mg) 459

헬시에이징 식재료   도라지  양파 김

⏱ 35~40분   🍚 2인분

- 실곤약 2컵(240g)
- 도라지 6뿌리(작은 것, 100g)
- 양파 1/2개(100g)
- 쪽파 4줄기(또는 대파 30cm, 32g)
- 조미 김 부순 것 1장(A4용지 크기)
- 식용유 1작은술
- 소금 약간
- 후춧가루 약간

양념
- 양조간장 1큰술
- 올리고당 2작은술
- 참기름 2작은술

1. 실곤약 데칠 물(2컵)을 끓인다.
2. 도라지는 손질(88쪽)한 후 길이로 4등분하고 4cm 두께로 썬다. 소금(1작은술)을 넣고 주물러 쓴맛을 뺀 후 헹궈 물기를 짠다.
3. 양파는 0.5cm 두께로 썰고, 쪽파는 4cm 길이로 썬다. 볼에 양념을 섞는다.
4. ①의 끓는 물에 실곤약을 넣고 센 불에서 1분간 데친 후 헹궈 물기를 뺀다.
5. 달군 팬에 식용유, 도라지를 넣어 중간 불에서 2분간 볶는다. 실곤약, 양파, 소금을 넣고 센 불로 올려 1분, 양념을 넣고 1분간 볶은 후 불을 끈다.
6. 쪽파, 조미 김 부순 것, 후춧가루를 넣고 섞는다.

보양식

kcal 149
eGL 15
나트륨(mg) 261

겨울 **뿌리채소 샐러드**

보양식은 가볍지 말라는 법 있나요? 영양이 풍부한 뿌리채소를 사용하면 가벼운 샐러드 한 접시로도 얼마든지 몸보신이 가능하지요.

헬시에이징 식재료 수삼 케일

🕐 20~30분 🥣 2인분

- 마 지름 5cm, 길이 10cm
  (또는 고구마 1/2개,
  단호박 1/10개, 100g)
- 귤 2개
  (또는 오렌지 1개, 140g)
- 수삼 1뿌리
  (또는 도라지, 더덕, 30g)
- 쌈 케일 5장(25g)
- 올리브유 1작은술
- 소금 약간

드레싱
- 레몬즙 2작은술
- 양조간장 1작은술
- 된장 1/2작은술
  (집 된장의 경우 1/3작은술)
- 올리고당 1작은술
- 올리브유 1작은술
- 후춧가루 약간

1 수삼은 잔뿌리를 제거하고
   솔로 문질러 씻는다.

2 수삼은 가늘게 채 썬다.
   귤은 껍질을 벗긴 후
   한입 크기로 썬다.

3 쌈 케일은 길이로 2등분한 후
   1cm 두께로 썬다.
   마는 위생장갑을 끼고 필러로
   껍질을 벗긴 후 1cm 두께로 썬다.
   볼에 드레싱을 섞는다.

4 달군 팬에 올리브유, 마를 올리고
   소금을 뿌려 중약 불에서
   5분간 뒤집어가며 굽는다.

5 그릇에 모든 재료를 담고
   드레싱을 곁들인다.

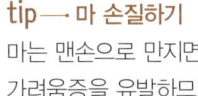

tip — 마 손질하기
마는 맨손으로 만지면
가려움증을 유발하므로
위생장갑을 끼고 손질한다.

보양식

kcal	148
eGL	5
나트륨(mg)	398

겨울 대구곰탕

흰살 생선인 대구에서 우러나온 고소한 기름 덕분에 진한 국물 맛을 느낄 수 있습니다. 감기 기운이 돌 때 푹 끓여 곰탕처럼 즐기세요.

헬시에이징 식재료 — 양파, 마늘

⏱ 30~40분 🍚 2인분

- 손질 대구 1/2마리(300g)
- 양파 1/4개(50g)
- 마늘 3쪽(15g)
- 대파 20cm
- 청주 1큰술
- 소금 1/2작은술
- 후춧가루 약간
- 물 4컵(800㎖)

1 냄비에 대구, 양파, 마늘, 청주, 물을 넣고 센 불에서 끓어오르면 약한 불로 줄여 뚜껑을 덮고 30분간 끓인다.
  ★ 중간중간 떠오르는 거품은 걷어내도 좋다.
2 대파는 송송 썬다.
3 양파, 마늘을 건진 후 불을 끈다.
  대파, 소금, 후춧가루를 넣어 섞는다.

겨울 들깨 오리전골볶음

보양식

kcal 248
eGL 5
나트륨(mg) 586

오메가3 지방산이 풍부한 오리고기를 매콤한 양념에 끓였습니다. 오리고기는 한번 데쳐서 기름기를 줄이고 들깻가루를 듬뿍 넣어 구수한 맛을 더했지요.

헬시에이징 식재료   오리고기   양파   당근   마늘   들깻가루

⏱ 45~55분   🥣 2인분

- 오리고기 (불고기용) 200g
- 양파 1/4개(50g)
- 당근 1/4개(50g)
- 대파 20cm
- 청양고추 1개
- 들깻가루 2큰술
- 물 1과 1/2컵(300㎖)

양념
- 고춧가루 1큰술
- 다진 마늘 1큰술
- 양조간장 1큰술
- 맛술 1큰술
- 고추장 1큰술
- 후춧가루 약간

1. 오리고기 데칠 물(3컵)을 끓인다.
2. 양파는 사방 2cm 크기로 썬다. 당근은 0.5cm 두께로 썬 후 열십(+)자로 4등분한다. 대파는 2등분한 후 열십(+)자로 4등분한다. 청양고추는 어슷 썬다.
3. ①의 끓는 물에 오리고기를 넣고 센 불에서 끓어오르면 1분간 데친 후 물기를 뺀다.
4. 깊은 팬에 양념을 섞은 후 오리고기를 넣고 버무려 10분간 재운다.
5. ④의 팬에 물, 당근을 넣고 센 불에서 끓어오르면 중약 불로 줄여 뚜껑을 덮고 15분간 끓인다.
6. 양파, 대파, 청양고추, 들깻가루를 넣고 섞은 후 다시 뚜껑을 덮어 10분간 끓인다.

간식·음료

디톡스 스무디	
kcal	139
eGL	18
나트륨(mg)	27

에너지 스무디	
kcal	100
eGL	13
나트륨(mg)	44

헬시에이징 스무디 2가지

몸을 가볍게 비우고 싶을 때,
또는 활력을 채우고 싶을 때 한 잔 쭉 들이키세요.
다채로운 과채가 항산화 효과는 물론,
맛까지 책임집니다.

디톡스 스무디

에너지 스무디

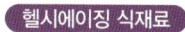 사과  키위 케일  브로콜리

디톡스 스무디

🕐 10~15분 🥣 2인분(800~1000㎖)

- 사과 1개
  (또는 파인애플 링 2개, 200g)
- 키위 2개
  (또는 딸기 10개, 귤 2개, 180g)
- 쌈 케일 16장(또는 시금치, 80g)
- 브로콜리 1/5개
  (또는 당근 1/2개, 양배추 2장, 60g)
- 레몬 1/2개(또는 레몬즙 4큰술,
  기호에 따라 가감, 50g)
- 생수 1컵(또는 코코넛 워터, 200㎖)

1 사과는 껍질째 8등분한다.
2 키위는 8등분하고,
  쌈 케일, 브로콜리는 한입 크기로 썬다.
3 레몬은 껍질을 벗긴다.
4 믹서에 키위, 사과, 브로콜리, 레몬, 쌈 케일, 생수 순으로
  넣어 1분간 곱게 간다.

 적양배추  블루베리 비트

에너지 스무디

🕐 10~15분 🥣 2인분(800~1000㎖)

- 딸기 15개(또는 냉동 딸기,
  사과 1개, 키위 2개, 300g)
- 블루베리 1컵(또는 냉동 블루베리,
  아사이베리, 100g)
- 적양배추 4장
  (또는 양배추, 쌈 케일 10장, 120g)
- 레몬 1/2개(또는 레몬즙 4큰술,
  기호에 따라 가감, 50g)
- 비트 1/10개(40g, 생략 가능)
- 생수 1컵(또는 코코넛 워터, 200㎖)

1 딸기는 2등분하고, 적양배추는 2cm 두께로 썬다.
2 비트는 껍질을 벗기고 6등분한다.
  레몬은 껍질을 벗긴다.
3 믹서에 딸기, 블루베리, 레몬, 적양배추, 비트,
  생수 순으로 넣어 1분간 곱게 간다.

간식·음료

kcal	36
eGL	8
나트륨(mg)	7

토마토화채

방울토마토는 비타민이
풍부해 피부 미용에 좋답니다.
탄산수를 넣고 칼라만시 원액을
곁들이면 새콤한 맛 덕분에
세 살은 더 어려지는 느낌이 들지요.

헬시에이징 식재료   방울토마토    로즈메리

🕐 10~15분   🥣 2인분

- 방울토마토 10개
  (또는 파프리카 1개,
  당근 1/4개, 토마토 1개, 150g)
- 탄산수 1과 1/2컵(300㎖)
- 칼라만시 원액(또는 레몬즙) 1큰술
- 꿀(또는 매실청) 1큰술
- 로즈메리 1줄기
  (또는 애플민트, 생략 가능)

1 방울토마토는 한입 크기로 썬다.
2 볼에 탄산수, 칼라만시 원액, 꿀을 섞은 후
  방울토마토, 로즈메리를 섞는다.
  ★ 꿀은 아래로 가라 앉으므로 먼저 섞는 것이 좋다.

간식·음료

kcal	28
eGL	3
나트륨(mg)	11

카카오닙스차

카카오닙스는 떫고
쓴맛이 강해 먹기 쉽지 않지요.
물과 함께 끓여 초콜릿 향이 나는
구수한 차로 드세요.

헬시에이징 식재료 카카오닙스

⏱ 20~30분   🥣 2회분

- 카카오닙스 2큰술(10g)
- 물 3컵(600㎖)

1 냄비에 카카오닙스, 물을 넣고
  센 불에서 끓어오르면 약한 불로 줄여 15분간 끓인다.

2 한 김 식혀 체에 거른다.
  ★ 밀폐용기에 담아 냉장(2~3일).

간식·음료

kcal 245
eGL 11
나트륨(mg) 15

베리 요거트볼

상큼 달콤한 과일을 듬뿍 넣어 간식으로, 가벼운 한 끼 대용으로 먹기 좋습니다.
카카오닙스와 견과류의 오도독 씹히는 식감이 먹는 재미를 더해주지요.

헬시에이징 식재료

 그릭 요구르트  블루베리   견과류    카카오닙스

⏱ 10~15분   🍚 2인분

- 떠먹는 그릭 요구르트 2통(170g)
- 과일(딸기, 블루베리 등) 100g
- 다진 견과류(브라질넛츠, 피스타치오, 호두 등) 2큰술
- 카카오닙스(또는 햄프시드) 1큰술

1. 딸기는 한입 크기로 썬다.
2. 그릇에 모든 재료를 담는다.

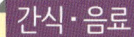

견과류 김스낵

마트에서 파는 인기 김스낵을 집에서 더 건강하게 만드세요. 다양한 견과류를 한 번에 먹을 수 있답니다.

kcal	137
eGL	3
나트륨(mg)	113

간식·음료

헬시에이징 식재료  김   견과류

🕑 25~35분   🥣 2인분

- 구운 김(A4용지 크기) 1장
- 올리고당 1/2큰술
- 다진 견과류 4큰술
  (브라질넛츠, 피스타치오 해바라기씨, 호두 등)
- 소금 약간

1. 오븐은 120℃로 예열한다.
2. 김의 한쪽 면에 올리고당을 얇게 펴 바른 후 8등분한다.
   ★ 김을 자르지 않고 통으로 구운 후 부숴 먹어도 좋다.
3. 오븐 팬에 종이 포일을 깔고 김을 올려 다진 견과류, 소금을 뿌린다.
4. 120℃로 예열된 오븐의 가운데 칸에서 20분간 구운 후 식힘망에 올려 완전히 식힌다.

간식·음료

kcal	43
eGL	8
나트륨(mg)	1

대추칩

간을 전혀 하지 않고 대추로만 만든 건강 간식으로 과자처럼 바삭합니다. 넉넉하게 만들어서 요구르트나 샐러드 토핑으로 활용하세요.

헬시에이징 식재료  대추

🕐 20~30분   🍚 2인분

• 말린 대추 12개(60g)

1 대추는 세로로 칼집을 낸 후 씨를 중심으로 돌려 깎는다. 0.5cm 두께로 썬다.

2 깊은 팬을 달궈 대추를 넣고 가장 약한 불에서 수분이 날아갈 때까지 20분간 볶는다.
★ 밀폐용기에 담아 실온(7일).

슈퍼곡물 또띠야칩

불포화지방산이 풍부한 슈퍼곡물을 모두 모았습니다.
곡물의 톡톡 터지는 식감과 씹을수록 고소한 맛이 매력적이지요.

간식·음료
kcal 117
eGL 7
나트륨(mg) 1

 헬시에이징 식재료 퀴노아

⏱ 15~25분   🍽 2인분

- 통밀 또띠야 1장
- 각종 깨 2큰술
  (통깨, 검은깨, 들깨 등)
- 볶은 퀴노아 1큰술
  (또는 다른 볶은 통곡물)
- 햄프시드 1큰술
- 올리고당 1큰술

1 평평한 내열용기에 종이 포일을 깔고 통밀 또띠야를 올린 후 올리고당을 펴 바른다.

2 깨, 볶은 퀴노아, 햄프시드를 올려 전자레인지에서 2분간 익힌 후 문을 열었다 닫고 30초간 더 익힌다.
   ★ 전자레인지 문을 열었다가 닫으면 내부의 수증기가 날아가서 더 바삭해진다.

3 30초씩 2~3회 더 반복한다.

tip — 퀴노아 볶기
마른 팬에 삶은 퀴노아를 넣고
약한 불에서 겉면이 노릇하고 바삭해질 때까지 볶는다.

간식·음료

kcal	176
eGL	3
나트륨(mg)	173

머스터드넛츠

견과류는 구매 단위가 커서 한 번 사면 두고두고 먹게 되지요.
가끔은 머스터드를 더해 색다르게 즐겨보세요.
올리고당을 함께 사용하면 식이섬유 섭취도 늘릴 수 있답니다.

헬시에이징 식재료   견과류    허니머스터드

⏱ 15~25분   🥣 2회분

- 견과류 1/2컵
  (브라질넛츠, 아몬드, 피스타치오, 50g)
- 올리고당 1/2큰술
- 허니머스터드 1작은술
- 크러시드 페퍼 약간
- 소금 약간

1 견과류는 종류에 따라 껍질을 깐 후 2~3등분한다.

2 약한 불로 달군 팬에 견과류, 소금을 넣고 3분, 올리고당을 넣고 1분, 허니머스터드, 크러시드 페퍼를 넣고 1분간 볶는다.

3 종이 포일에 펼쳐 견과류끼리 달라붙지 않도록 포크로 재빨리 떼어낸 후 완전히 식힌다.
   ★ 밀폐용기에 담아 냉동(30일).

간식·음료

kcal 170
eGL 3
나트륨(mg) 101

강황넛츠

강황의 독특한 풍미가 낯설다면
견과류와 볶아 먹는 것부터 시작하세요.
견과류의 고소한 맛이 강황의 쓴맛을
완화해줘 쉽게 친해질 수 있답니다.

헬시에이징 식재료 견과류  강황가루

⏱ 15~25분   🥣 2회분

- 견과류 1/2컵
  (브라질넛츠, 아몬드, 피스타치오, 50g)
- 올리고당 1/2큰술
- 강황가루 1작은술
- 소금 약간

1 견과류는 종류에 따라 껍질을 깐 후 2~3등분한다.

2 약한 불로 달군 팬에 견과류, 소금을 넣고 3분간 볶는다.

3 올리고당을 넣고 2분간 볶은 후
   불을 끄고 강황가루를 섞는다.

4 종이 포일에 펼쳐 견과류끼리 달라붙지 않도록
   포크로 재빨리 떼어낸 후 완전히 식힌다.
   ★ 밀폐용기에 담아 냉동(30일).

간식·음료	
kcal	201
eGL	3
나트륨(mg)	80

홈메이드 칼몬드

칼슘이 풍부한 멸치와 뇌 건강에 좋은 견과류를 볶아서 만들었습니다.
멸치의 짭조름한 맛과 꿀의 달콤한 맛에 자꾸만 손이 가지요.

헬시에이징 식재료  멸치    호두

⏱ 15~20분   🥣 2회분

- 잔멸치 2큰술(16g)
- 아몬드 슬라이스 20g
- 땅콩 15g
- 호두 15g
- ★ 견과류는 동량 대체 가능
- 꿀 1큰술

1 땅콩은 2등분하고, 호두는 6등분한다.
2 달군 팬에 잔멸치를 넣고 중약 불에서 2분간 볶은 후 덜어둔다.
3 팬을 닦고 다시 달궈 아몬드 슬라이스, 땅콩, 호두를 넣어 중간 불에서 1분, 꿀을 넣고 1분간 볶는다.
4 한 김 식힌 후 잔멸치와 섞는다.

자색고구마빵

밀가루를 전혀 넣지 않은 건강한 빵이에요. 촉촉한 식감이 인상적이랍니다. 우유와 함께 먹으면 더욱 맛있습니다.

간식·음료

kcal	178
eGL	20
나트륨(mg)	210

헬시에이징 식재료  자색고구마 달걀

⏱ 25~35분   🍽 2인분

- 자색고구마 1개(또는 고구마, 단호박 1/4개, 200g)
- 달걀흰자 2개분
- 달걀노른자 1개분
- 올리고당 1작은술
- 소금 1/4작은술
- 물 2큰술

1 자색고구마는 껍질을 벗긴 후 사방 1.5cm 크기로 썬다. 내열용기에 자색고구마, 물을 담고 뚜껑을 덮어 전자레인지에서 4분간 익힌다.

2 볼에 ①의 자색고구마, 올리고당, 소금을 넣고 포크로 으깬 후 달걀노른자를 섞는다.

3 다른 볼에 달걀흰자를 넣고 핸드믹서 높은 단에서 단단한 뿔이 생길 때까지 1분 30초~2분간 휘핑한다.

4 ③의 휘핑을 ②의 볼에 2~3회에 나눠 넣고 주걱으로 대강 섞일 때까지 살살 섞는다.

5 내열용기에 ④의 반죽을 담고 뚜껑을 덮어 찔렀을 때 묻어나오지 않을 때까지 전자레인지에서 7~8분간 익힌다. 한 김 식힌 후 먹기 좋은 크기로 썬다.

간식·음료

kcal 140
eGL 8
나트륨(mg) 182

오메가바

오메가3 지방산이 풍부한 견과류와 식이섬유 함량이 많은 곡물을 먹기 좋게 뭉쳤습니다. 설탕 대신 단맛이 강한 말린 대추를 사용해 더 건강한 맛이지요.

헬시에이징 식재료  대추 브라질넛츠

⏱ 15~25분 🍽 2회분

- 현미 시리얼 1/2컵
  (또는 그래놀라, 20g)
- 볶은 아마씨드 1과 1/2큰술
  (또는, 햄프시드, 통깨, 볶은 통곡물, 15g)
- 말린 대추 2개(10g, 생략 가능)
- 브라질넛츠 2개
  (또는 다른 견과류, 10g)
- 소금 약간
- 올리고당 1과 1/2큰술

1. 대추는 세로로 칼집을 낸 후 씨를 중심으로 돌려 깎는다.
2. 대추는 가늘게 채 썰고, 브라질넛츠는 잘게 다진다.
3. 달군 팬에 올리고당을 제외한 모든 재료를 넣어 약한 불에서 2분간 볶는다.
4. 올리고당을 넣고 3분간 볶는다.
5. 종이 포일을 깔고 ④을 올려 1.5cm 두께로 편다. 한 김 식힌 후 먹기 좋은 크기로 썬다.

고구마후무스와 채소스틱

후무스는 병아리콩을 으깨
스프레드처럼 먹는 중동 음식입니다.
부드러운 식감이 생채소와 잘 어울려
영양 간식으로 제격이지요.

간식 · 음료

kcal 269
eGL 8
나트륨(mg) 151

헬시에이징 식재료 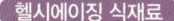 자색고구마  병아리콩   강황가루

⏱ 20~30분(+ 병아리콩 익히기 6~7시간)
🥣 2인분

- 채소스틱 100g
  (또는 크래커, 또띠야칩 등)

고구마후무스
- 삶은 자색고구마 1/2개
  (또는 고구마,
  단호박 1/8개, 100g)
- 삶은 병아리콩 1/2컵
  (80g, 88쪽 참고)
- 레몬즙 2큰술
- 올리브유 3큰술
- 올리고당 1큰술
- 강황가루 1작은술
- 소금 1/4작은술
- 통후추 간 것 약간
- 병아리콩 삶은 물
  1/2컵(또는 생수, 100㎖)

1 푸드프로세서에 고구마후무스 재료를 넣어
   1분간 곱게 간 후 채소스틱을 곁들인다.
   ★ 자색고구마를 사용하면 갈색,
   고구마를 사용하면 노란색의 후무스가 된다.

Index ㄱㄴㄷ순

ㄱ
- 가지나물 108
- 가지두유파스타 193
- 갈릭마요 닭가슴살샐러드 179
- 감자 브로콜리조림 126
- 강황 듬뿍카레 144
- 강황넛츠 221
- 견과류 김스낵 217
- 고구마후무스와 채소스틱 225
- 고등어 강황구이와 양념장 148
- 고등어 들깨탕 160
- 구운 채소 저염장아찌 118
- 굴 두부두루치기 136
- 꼬시래기 양파볶음 119

ㄷ
- 다시마 적양배추쌈과 들깨 초고추장 147
- 닭가슴살 무찜 206
- 닭가슴살 토마토영양밥 096
- 당귀잎 퀴노아전 140
- 당귀잎무침과 장어구이 200
- 당근 호두마요무침 112
- 대구곰탕 210
- 대추칩 218
- 도라지 곤약잡채 207
- 도라지 명이엽 떡샐러드 172
- 두부 소보로피자 199
- 들깨 미역수제비 188
- 들깨 오리전골볶음 211
- 디톡스 스무디 212

ㅁ
- 마 토마토카프레제 178
- 마늘 파슬리영양밥 094
- 마파 가지볶음 134
- 맑은 굴 된장국 154
- 매콤 닭가슴살 브로콜리볶음 114
- 머스터드넛츠 220
- 미나리 조개찜 198

ㅂ
- 베리 요거트볼 216
- 병아리콩 귀리 타락죽 104
- 병아리콩 된장찌개 164
- 병아리콩 콥샐러드 166
- 병아리콩국수 186
- 병아리콩자반 142
- 봄나물 오리냉채와 밀쌈 196
- 부추 황태탕 158
- 브로콜리 두부전 138
- 브로콜리 미역국 155
- 비트 사과샐러드 170
- 뿌리채소 견과샐러드 174
- 뿌리채소 샐러드 208

ㅅ
- 사천풍 채식짜장면 183
- 쇠간 부추볶음 132
- 수삼 누룽지삼계탕과 부추무침 203
- 슈퍼곡물 또띠야칩 219
- 시래기 돼지고기영양밥 098
- 시래기 버섯 청국장 156
- 시래기 버섯찜 122
- 시래기나물 108

ㅇ
- 아보카도 달걀샐러드 169
- 아보카도 크림파스타 194
- 아스파라거스 달걀볶음 128
- 알파싹 돼지고기비빔면 182
- 얼큰 해물 사골탕면 204
- 에너지 스무디 212
- 연두부 낫토볼 113
- 연두부 조개국수 187
- 연어스테이크 샐러드 202
- 오메가바 224
- 오징어 미역영양밥 095
- 오징어 브로콜리무침 111
- 오징어지짐이 135
- 오트밀 브로콜리죽 101
- 우엉 김볶음 124
- 으깬 두부 김치찌개 162

ㅈ
- 자색고구마빵 223
- 중화풍 황태 껍질콩볶음 131

ㅋ
- 카레 메밀국수 191
- 카무트 귀리밥 092
- 카무트 시저샐러드 166
- 카카오닙스차 215
- 컬러푸드 샐러드 171
- 케일 적양배추샐러드 175
- 케일 토마토겉절이 120
- 퀴노아 두부찜밥 100
- 퀴노아 병아리콩밥 092
- 퀴노아 자색고구마밥 092
- 퀴노아 황태 사골죽 102

ㅌ
- 토마토 고추장 황태 비빔국수 180
- 토마토 껍질콩무침 110
- 토마토 낫토 냉소바 192
- 토마토 달걀탕 159
- 토마토양념장과 생식 두부 146
- 토마토화채 214
- 통오징어 귀리샐러드 176

ㅍ
- 파프리카 미역냉국 152
- 파프리카 제육볶음 130
- 표고버섯 견과류강정 125
- 표고버섯나물 106

ㅎ
- 해물 짬뽕쌀국수 184
- 향신 수육과 케일 파프리카겉절이 116
- 호두 마늘 잔멸치볶음 143
- 홈메이드 칼몬드 222
- 활력 비타민샐러드 168
- 황태 버섯 달걀국 150
- 훈제오리 토마토냉채 121
- 훈제오리파스타 190

Index 재료순

곡물·콩

카무트 귀리밥 092
퀴노아 병아리콩밥 092
퀴노아 자색고구마밥 092
퀴노아 두부찜밥 100
오트밀 브로콜리죽 101
퀴노아 황태 사골죽 102
병아리콩 귀리 타락죽 104
연두부 낫토볼 113
병아리콩자반 142
토마토양념장과 생식 두부 146
으깬 두부 김치찌개 162
병아리콩 된장찌개 164
병아리콩 콥샐러드 166
카무트 시저샐러드 166
병아리콩국수 186
연두부 조개국수 187
카레 메밀국수 191
토마토 낫토 냉소바 192
두부 소보로피자 199
슈퍼곡물 또띠야칩 219

채소·버섯

마늘 파슬리영양밥 094
시래기 돼지고기영양밥 098
표고버섯나물 106
가지나물 108
시래기나물 108
토마토 껍질콩무침 110
당근 호두마요무침 112
구운 채소 저염장아찌 118
케일 토마토겉절이 120
시래기 버섯찜 122
우엉 김볶음 124
표고버섯 견과류강정 125
감자 브로콜리조림 126
아스파라거스 달걀볶음 128
파프리카 제육볶음 130
마파 가지볶음 134

브로콜리 두부전 138
파프리카 미역냉국 152
브로콜리 미역국 155
시래기 버섯 청국장 156
토마토 달걀탕 159
도라지 명일엽 떡샐러드 172
뿌리채소 견과샐러드 174
케일 적양배추샐러드 175
마 토마토카프레제 178
사천풍 채식짜장면 183
가지 두유파스타 193
도라지 곤약잡채 207
뿌리채소 샐러드 208
토마토화채 214
자색고구마빵 223
고구마후무스와 채소스틱 225

과일

활력 비타민샐러드 168
아보카도 달걀사라다 169
비트 사과샐러드 170
컬러푸드 샐러드 171
아보카도 크림파스타 194
디톡스 스무디 212
에너지 스무디 212
베리 요거트볼 216
대추칩 218

해산물

오징어 미역영양밥 095
오징어 브로콜리무침 111
꼬시래기 양파볶음 119
오징어지짐이 135
굴 두부두루치기 136
호두 마늘 잔멸치볶음 143
다시마 적양배추쌈과 들깨 초고추장 147
고등어 강황구이와 양념장 148
황태 버섯 달걀국 150
맑은 굴 된장국 154
부추 황태탕 158

고등어 들깨탕 160
통오징어 귀리샐러드 176
토마토 고추장 황태 비빔국수 180
해물 짬뽕쌀국수 184
미나리 조개찜 198
얼큰 해물 사골탕면 204
대구곰탕 210

달걀·육류

닭가슴살 토마토영양밥 096
매콤 닭가슴살 브로콜리볶음 114
향신 수육과 케일 파프리카겉절이 116
훈제오리 토마토냉채 121
중화풍 황태 껍질콩볶음 131
쇠간 부추볶음 132
갈릭마요 닭가슴살샐러드 179
알파파싹 돼지고기비빔면 182
훈제오리파스타 190
봄나물 오리냉채와 밀쌈 196
연어스테이크 샐러드 202
닭가슴살 무찜 206
들깨 오리전골볶음 211

허브·약초

당귀잎 퀴노아전 140
당귀잎무침과 장어구이 200
수삼 누룽지삼계탕과 부추무침 203

견과류

견과류 김스낵 217
머스터드넛츠 220
강황넛츠 221
홈메이드 칼몬드 222
오메가바 224

기타

강황 듬뿍카레 144
들깨 미역수제비 188
카카오닙스차 215

그대로 따라 하는 2주간의 헬시에이징 식단

매일 헬시에이징 식재료를 5가지 이상 골고루 먹을 수 있도록 식단을 구성했습니다.
2주간 그대로 따라 하며 식습관을 개선해보세요.

week 1

	아침	점심	저녁	간식	합계
월	오트밀 브로콜리죽 + 구운 채소 저염장아찌 + 가지나물	닭가슴살 토마토영양밥 + 우엉 김볶음	아보카도 크림파스타 + 뿌리채소 샐러드	대추칩	열량 1537kcal eGL 95 나트륨 1734mg
화	퀴노아 두부찜밥 + 호두 마늘 잔멸치볶음	시래기 돼지고기영양밥 + 뿌리채소 샐러드	수삼 누룽지삼계탕과 부추무침 + 표고버섯 견과류강정	카카오닙스차	열량 1581kcal eGL 76 나트륨 1760mg
수	현미밥 1공기(150g) + 토마토 달걀탕 + 마파 가지볶음	마늘 파슬리영양밥 + 아스파라거스 달걀볶음	통오징어 귀리샐러드 + 토마토양념장과 생식 두부	견과류 김스낵	열량 1531kcal eGL 72 나트륨 1798mg
목	시래기 돼지고기영양밥 + 케일 토마토겉절이	현미밥 1공기(150g) + 중화풍 황태 껍질콩볶음 + 브로콜리 두부전	카레 메밀국수 + 당근 호두마요무침	슈퍼곡물 또띠야칩	열량 1504kcal eGL 92 나트륨 1885mg
금	병아리콩 귀리 타락죽 + 컬러푸드 샐러드	현미밥 1공기(150g) + 강황 듬뿍카레 + 시래기나물	가지 두유파스타 + 구운 채소 저염장아찌	베리 요거트볼	열량 1501kcal eGL 94 나트륨 1853mg
토	퀴노아 병아리콩밥 + 굴 두부두루치기 + 부추 황태탕	뿌리채소 견과샐러드	현미밥 1공기(150g) + 훈제오리 토마토냉채 + 시래기 버섯찜	에너지 스무디	열량 1535kcal eGL 74 나트륨 1800mg
일	오징어 미역영양밥 + 토마토 껍질콩무침	카무트 귀리밥 + 매콤 닭가슴살 브로콜리볶음 + 표고버섯나물	연두부 낫토볼 + 활력 비타민샐러드	자색고구마빵	열량 1504kcal eGL 93 나트륨 1839mg

모든 하루 식단은 열량 1,600kcal, eGL 100, 나트륨 2,000mg 이하로 구성했습니다.
★ **1일 평균 식사 GL 기준 수치** Low GL 0 ~ 80 미만, Medium GL 80 이상 ~ 120 미만, High GL 120 이상
간식은 점심과 저녁 사이에 허기가 느껴질 때 먹어도 좋습니다.
인덱스(226쪽)를 참고하면 식단 속 요리 레시피를 쉽게 찾을 수 있습니다.

week 2

	아침	점심	저녁	간식	합계
월	퀴노아 병아리콩밥 + 부추 황태탕 + 매콤 닭가슴살 브로콜리볶음	퀴노아 두부찜밥 + 당귀잎 퀴노아전	사천풍 채식짜장면 + 고등어 강황구이와 양념장	홈메이드 칼몬드	열량 1515kcal eGL 67 나트륨 1998mg
화	활력 비타민샐러드 + 아스파라거스 달걀볶음	현미밥 1공기(150g) + 오징어지짐이 + 다시마 적양배추쌈과 들깨 초고추장	퀴노아 자색고구마밥 + 향신 수육과 케일 파프리카겉절이	오메가바	열량 1524kcal eGL 89 나트륨 1910mg
수	현미밥 1공기(150g) + 병아리콩 된장찌개 + 중화풍 황태 껍질콩볶음	닭가슴살 토마토영양밥 + 꼬시래기볶음	봄나물 오리냉채와 밀쌈 + 비트 사과샐러드	강황넛츠	열량 1466kcal eGL 88 나트륨 1954mg
목	현미밥 1공기(150g) + 파프리카 제육볶음 + 우엉 김볶음	오징어 미역영양밥 + 브로콜리 두부전	훈제오리파스타 + 컬러푸드 샐러드	대추칩	열량 1527kcal eGL 99 나트륨 1708mg
금	현미밥 1공기(150g) + 대구곰탕 + 오징어 브로콜리무침	오트밀 브로콜리죽 + 당근 호두마요무침	가지 두유파스타 + 구운 채소 저염장아찌	슈퍼곡물 또띠야칩	열량 1539kcal eGL 94 나트륨 1777mg
토	현미밥 1공기(150g) + 마파 가지볶음 + 황태 버섯 달걀국	뿌리채소 견과샐러드 + 토마토양념장과 생식 두부	도라지 곤약잡채 + 카무트 시저샐러드	자색고구마빵	열량 1565kcal eGL 76 나트륨 1981mg
일	아보카도 달걀샐러드 + 고구마후무스와 채소스틱	마늘 파슬리영양밥 + 표고버섯나물	현미밥 1공기(150g) + 고등어 들깨탕 + 토마토 껍질콩무침	토마토화채	열량 1572kcal eGL 73 나트륨 1775mg

풀무원기술원 식생활연구실과 더 라이트가 함께 만든
건강 요리책 시리즈

1탄

국내 최초로 저탄수화물 밸런스 식사법인 '로지엘 식사법'을
소개한 건강 다이어트 요리책. 각종 성인병으로 발전하기 쉬운
뱃살의 원인부터 뱃살을 줄이는 방법까지 모두 담았다.
누구나 손쉽게 따라 할 수 있는 다양한 한 그릇 로지엘 밥과 면 요리,
일품 요리, 간식 등의 레시피도 확인할 수 있다.

더 라이트는 메뉴 개발 회사 (주)레시피팩토리에서 건강·다이어트 요리 콘텐츠를 개발하는 전문팀입니다. 현대 영양학에 의거해 쉬운 재료, 건강한 조리법, 맛과 포만감을 고려한 정확하고 실용적인 레시피를 개발합니다.

2탄

30대 이상 3명 중 1명이 앓고 있다는 생활 습관병, 대사증후군. 고혈압, 당뇨병, 암 등 건강을 위협하는 무서운 성인병으로 발전하기 직전 단계인 대사증후군의 자가 진단법부터 대사증후군 예방 및 개선을 위한 식생활까지 상세히 알려주는 요리책이다. 아침, 점심, 저녁 식단으로 구성해 누구나 따라 하기 쉽다.

메뉴 개발 & 요리책 전문 출판사 레시피팩토리

레시피팩토리의 요리책은 요리와 영양 전문가들이 철저한 검증을 통해 만들어 믿고 따라 할 수 있습니다.
앞으로도 꼼꼼한 편집, 아름다운 비주얼을 바탕으로 소장 가치 높은 요리책을 만들기 위해 더욱 노력하겠습니다.

Magazine

따라 하는 생활미식
요리잡지
〈수퍼레시피 2.0〉

애독자 카페
cafe.naver.com/superecipe

요리 왕초보를 위한
쉽고, 맛있고, 정확한 기본 레시피
〈진짜 기본 요리책〉

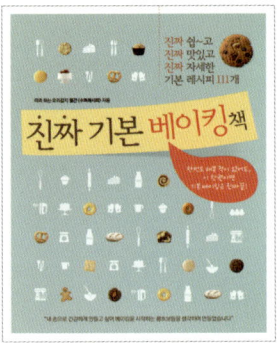

별다른 도구 없이도
손쉽게 만들 수 있는 기본 베이킹
〈진짜 기본 베이킹〉

우리의 제철 재료로 만든
신선한 건강 음료
〈한 잔이면 충분해! 로푸드 스무디〉

잼, 청, 장아찌, 소스 등
실패하지 않는 홈메이드 저장식
〈병 속에 담긴 사계절〉

홈페이지 www.recipe-factory.co.kr
카카오톡·카카오스토리·페이스북·네이버 포스트 레시피팩토리everyday
인스타그램 @super_recipe, @thelight____(언더바 4개)
유튜브·네이버TV 레시피팩토리TV

건강한 다이어트를 원하는
직장인의 필수 요리책
〈더 가벼운 도시락 100〉

살찔 걱정, 칼로리 부담 없이
맛있게 즐기는
〈더 가벼운 샌드위치〉

100가지 샐러드, 100가지 드레싱
〈샐러드가 필요한 모든 순간
나만의 드레싱이 빛나는 순간〉

다이어터, 유지어터, 운동하는
이들에게 꼭 필요한
〈단백질 듬뿍 다이어트 요리〉

공부는 체력, 체력은 아침밥!
청소년의 계절별 증상을 고려한
〈엄마가 챙겨주는 청소년의 아침 식사〉

몸과 마음을 편안하게 하는
한국의 건강 채식
〈채식이 맛있어지는 우리집 사찰음식〉